贵州出版集团有限公司出版专项资金资助

乡村振兴与农村产业发展丛书

刺梨产业发展实用指南

谭书明◎主编

贵州出版集团
贵州人民出版社

图书在版编目（CIP）数据

刺梨产业发展实用指南 / 谭书明主编. -- 贵阳：贵州人民出版社，2021.12
（乡村振兴与农村产业发展丛书）
ISBN 978-7-221-16848-1

Ⅰ. ①刺… Ⅱ. ①谭… Ⅲ. ①刺梨—种植业—产业发展—贵州—指南 Ⅳ. ①F326.137.7-62

中国版本图书馆CIP数据核字(2021)第232577号

刺梨产业发展实用指南
CILI CHANYE FAZHAN SHIYONG ZHINAN
谭书明 主编

出 版 人	王 旭
责任编辑	马文博 代 勇
封面设计	谢安东
出版发行	贵州出版集团 贵州人民出版社
社 址	贵州省贵阳市观山湖区会展东路SOHO办公区A座
邮 编	550081
印 刷	贵州新华印务有限责任公司
规 格	890mm × 1240mm 1/32
字 数	120千字
印 张	5.5
版 次	2021年12月第1版
印 次	2021年12月第1次印刷
书 号	ISBN 978-7-221-16848-1
定 价	29.00元

《乡村振兴与农村产业发展丛书》编委会

《刺梨产业发展实用指南》编委会

主　　编：谭书明

副 主 编：俞　露

编　　委：安华明　丁筑红　胡　萍　俞　露

任廷远　吴小毛

前　言

党的十八大以来，以习近平同志为核心的党中央把脱贫攻坚摆在治国理政的突出位置，组织实施了人类历史上规模最大、力度最强、惠及人口最多的脱贫攻坚战，完成了消除绝对贫困的艰巨任务，创造了彪炳史册的人间奇迹。贵州作为全国脱贫攻坚主战场之一，得到了习近平总书记的亲切关心和特殊关怀。贵州各族干部群众在贵州省委、省政府的团结带领下，牢记嘱托、感恩奋进，向绝对贫困发起总攻，66 个贫困县全部摘帽，923 万贫困人口全部脱贫，减贫人数、易地扶贫搬迁人数均为全国之最，在国家脱贫攻坚成效考核中连续 5 年为“好”，在贵州大地上书写了中国减贫奇迹的精彩篇章。经过这场感天动地的脱贫攻坚大战，贵州经济社会发展实现历史性跨越，山乡面貌发生历史性巨变，农村产业取得历史性突破，群众精神风貌实现历史性转变，基层基础得到历史性巩固，实现了贵州大地的“千年之变”。

贵州是中国唯一没有平原支撑的省份，93% 的土地由丘陵和山地构成，难以开展规模化农业生产，因地制宜发展特色农业成为必然。“十三五”期间，贵州省委、省政府围绕农业供给侧结构性改革，聚力发展现代山地特色高效农业，创新性地成立了农村产业发展工作专班和专家团队，主抓茶叶、蔬菜、辣椒、食用菌、水果、中药材、生猪、牛羊、生态家禽、生态渔业、刺梨、特色林业等12个农业特色优势产业。贵州现代山地特色高效农业发展取得明显进展，12个农业特色优势产业持续壮大，其中，茶叶、辣椒、李子、刺梨、蓝莓种植（栽培）规模位列全国第一，猕猴桃、薏仁、太子参等产业规模进入全国前三；蔬菜、食用菌、火龙果等产业规模进入全国第一梯队；农民增收渠道持续拓宽，农产品精深加工快速推进，农村创新创业热火朝天。贵州大学积极响应省委、省政府号召，发挥自身专业特长，成立12个农业特色优势产业专班，为贵州12大特色优势产业提供强有力的科技支撑，为贵州取得脱贫攻坚全面胜利做出了突出贡献。

脱贫摘帽不是终点，而是新生活、新奋斗的起点。实现巩固拓展脱贫攻坚成果同乡村振兴有效衔接、推进乡村全面振兴是“十四五”期间农村工作特别是脱贫地区农村工作的重点任务。2021年2月，习近平总书记视察贵州时提出，贵州要在新时代西部大开发上闯新路，在乡村振兴上开新局，在实施数字经济战略上抢新机，在生态文明建设上出新绩。这是习近平总书记为贵州下一步发展所作的战略部署。

乡村振兴是包括产业振兴、人才振兴、文化振兴、生态振兴、组织振兴在内的全面振兴,其中产业振兴是乡村振兴的基础和关键。“十四五”时期，贵州省委、省政府坚持以高质量发展统揽全局，巩固拓展脱贫攻坚成果，全面推进乡村振兴。实施乡村振兴战略的总目标是农业农村现代化。农业现代化的关键是农业科技现代化。

我国正由农业大国向农业强国迈进，必须牢牢掌握农业科技发展的主动权，大力发展农业科技，赋能农业现代化和高质量发展。乡村产业振兴使贵州农业发展方式实现根本性转变，开启了贵州农业农村现代化的新征程。

高质量推进乡村产业振兴，重在因地制宜、突出特色、精准规划。为响应党中央和贵州省委、省政府的号召和部署，加快推进贵州农业现代化和进一步做大做强农业特色优势产业，我们编写了《乡村振兴与农村产业发展丛书》，通过对农村产业进行精准定位，具体分析各产业发展的人口、人文、气候、地理、自然资源、传统优势、政策扶持、市场等因素，发掘产业发展的独特优势，构建现代产业结构和体系，积极为贵州农业高质量发展贡献力量，为建设现代山地特色高效农业强省提供行动指南。

该套丛书具有很强的科学性、系统性、知识性和可读性，并突出其实用性和指导性。既有理论论述，又有实践经验，既有政策分析，又有路径方法，可学可用，对广大农业科技工作者，全省各级干部、大专院校师生等具有重要参考价值。

编者

2021 年 12 月

CONTENTS

目录

第一章 贵州刺梨产业发展现状与前景

第一节 贵州刺梨产业发展现状

一、贵州刺梨生产现状

（一）历史记载

刺梨作为贵州的特产，在许多历史文献中都有记载。

1671 年，清代历史学家陈鼎的《黔游记》记载：“刺梨野生，夏花秋实，干与果多芒刺，味甘酸，食之消闷，煎汁为膏，食同枯梨，四封皆产，移它境则不生。”

1690 年，清康熙年间的《黔书》记载：“刺梨野生，实如安石榴而较小，味甘而微酸、食之可以解闷，可消滞；渍汁煎之以蜜，可作膏，正不减于梨楂也，黔之四封悉产，移之他境则不生。”

1692 年，《贵州通志》记载：“各郡拥有，越黔境乃无。”

1850 年，《贵阳府志》记载：“以刺梨掺糯米造酒者，味甜而能消食。”

1959年，《贵阳民间药草》记载："刺梨叶有清热解暑，解毒疗疮，止血，主痔疮，痈肿，暑热倦怠，外伤出血。刺梨花的性味归经是甘、平，入大肠、小肠经，主治痢疾、腹泻。刺梨果，性凉，味酸，涩入肺，胃经。可以清热去火，生津润燥，可以缓解口渴、便秘、咳嗽喘、黄痰等症状；可以健脾开胃，刺激胃肠液的分泌，促进消化，缓解食欲不振及腹胀积食等症；含有抗氧化物质，有消炎抗菌作用，还可以延缓衰老，美容养颜，常吃还可以增强机体免疫力，防癌、抗癌。刺梨籽可入药，有健胃、消食、滋补、止泻的功效。刺梨根属于传统中药材，入药可以止泻、止痛，能够缓解咳嗽症状，具有健胃消食、止泻、涩精敛汗、止血功效。"

（二）资源分布

1987年，贵州大学（原贵州农学院）专家组经过资源调查，发现刺梨野生资源主要分布在贵州的遵义、黔南、六盘水、毕节、安顺等地区，资源量1.5万吨，全省除威宁县以外，各县均有不同程度的分布。四川、重庆、云南、湖南、广西等贵州周边省（市）有少量分布。

（三）生长环境

刺梨喜温暖湿润气候、比较适宜生长在温暖湿润的环境中，年平均温度为10℃～17 ℃，年降雨量在1000毫米以上。刺梨对海拔高度没有特殊要求，在海拔500～2500米 的山区和丘陵地带均可生长。刺梨在土壤肥力不高的贫瘠环境中也可以进行种植，但要提高刺梨的产量和质量，最好选在土壤肥沃、土质疏松、排水良好的微酸性土壤中进行种植。刺梨对土壤酸度要求较高，一般以 pH

6.0～7.0 的微酸性土壤为佳。刺梨对土壤矿物质要求比较特殊。贵州刺梨野生资源多分布在石灰岩地区，贵州的喀斯特地貌形成的特殊土壤矿物质环境最适于刺梨生长。20 世纪 90 年代，河南、山东等北方地区曾从贵州引种栽培，虽然可以存活并结出果实，但维生素 C 含量只有贵州刺梨的一半左右，表明贵州的特殊环境最适于刺梨生长。

（四）栽培情况

1. 栽培品种

贵州审定的刺梨品种有中“贵农 1 号”“贵农 2 号”“贵农 5 号”和“贵农 7 号”，是原贵州农学院从贵州野生刺梨中选育出来的优良无性繁育植株。目前，贵州种植的品种主要是“贵农 5 号”和“贵农 7 号”，其中“贵农 5 号”占总栽培数量的 90% 左右。

2. 栽培面积

2020 年全省刺梨栽培面积 200 万亩、主要分布在六盘水、黔南、毕节、安顺、遵义等，分别为 110 万亩、35 万亩、30 万亩、10 万亩、5 万亩。其中盘州市、水城区、七星关区、龙里县、贵定县占全省种植面积的 80% 以上。

3. 产量

刺梨亩产量取决于栽培技术及果园管理水平，管护水平好的可达 3500 斤 / 亩，管护水平一般的在 1000～2000 斤 / 亩，管护水平较差的在 1000 斤 / 亩以下。贵州是全国唯一把刺梨野生变家种并大规模推广的省份，全省现有 15 个县开展了标准化刺梨种植，打造了盘州市天富刺梨园区、龙里县茶香村刺梨种植示范基地、独山刺梨示范基地等一批高效示范化基地。

二、研究现状

（一）科学研究与成果

我国对刺梨的系统研究始于 21 世纪 40 年代。1937 年，湘雅医学院迁移到了贵阳，时任中国生理学会营养学会荣誉委员、湘雅医学院王成发教授在对贵阳市民进行人体血液中维生素 C 含量的检测时发现，每 100 毫升血浆中平均含有维生素 C 仅 0.29 毫克，比正常值低 100 倍。维生素 C 的严重缺乏可引起坏血病、牙龈出血、类骨质及牙本质形成异常，影响儿童的骨骼发育等。为解决这一关系到国民健康的大问题，原贵州农学院院长罗登义教授分析测试 170 多个水果的维生素 C 含量，发现贵州野生刺梨中维生素 C 极为丰富。英国著名的生物化学家李约瑟教授特地将刺梨称为“中国登义果”（Deng yi fruit of China）。于是，贵州刺梨就此名扬中外，罗登义教授也被称之为“刺梨之父”。

此后科研人员相继开展了刺梨育种、栽培、产品加工、生化营养及药理功效等方面的研究。关于刺梨的研究大部分集中于国内，而且主要集中在贵州。国外关于刺梨的研究报道较少，且大部分来源于国内研究机构。1989—2020 年间国内关于刺梨的文献报道（万方数据）约为 2000 篇，其中可查期刊论文约 1368 篇、专利约 750 项，其中贵州大学研究报道最多。贵州大学历经三代刺梨人的科学研究与积淀，形成了丰硕的成果，曾获国家科技进步三等奖 2 项，获国家商业部 1 项，农业部科技成果二等奖、三等奖，贵州省科技进步二等奖2项，贵州省科技进步三等奖等3项，贵州省科技进步四等奖等3项（见表1–1），为贵州刺梨产业发展奠定了坚实基础。

表1–1 贵州刺梨成果奖

成果名称	授奖名称	获奖等级	获奖单位及获奖人	获奖年份
贵州野生刺梨加工利用研究	国家科技进步奖	三等奖	原贵州农学院 牟群富	1988
贵州野生刺梨加工利用研究	国家商业部科技进步奖	二等奖	原贵州农学院 牟群富	1988
解决刺梨加工原料周年供应的途径	国家农业部科技进步奖	三等奖	原贵州农学院 牟群富	1990
提高刺梨饮料质量途径	国家农业部科技进步奖	三等奖	原贵州农学院 牟群富	1994
刺梨种植资源分子评价、离休培养及抗病性遗传机制	贵州省科技进步奖	二等奖	贵州大学 樊卫国	2009
刺梨栽培生理与技术研究	贵州省科技进步奖	二等奖	贵州大学 樊卫国	2002
刺梨良种繁育与栽培技术研究	贵州省科技进步奖	三等奖	原贵州农学院 樊卫国	1992
企业标准黔Q/南Q克OZ86《刺梨发酵酒》	贵州省科技进步奖	四等奖	原贵州农学院 牟群富	1987
刺梨果实贮藏保鲜及取汁新技术研究	贵州省科技进步奖	四等奖	原贵州农学院 牟群富	1989
刺梨营养价值研究	贵州省科技进步奖	四等奖	原贵州农学院 何照范	1989

（二）标准

随着贵州刺梨产业不断发展，标准化建设也不断深入。目前，贵州已制定相关标准 33 项，见表 1–2。

表 1–2　贵州已制定的标准

序号	标准编号	标准名称	标准类别
1	DB52/T 1145	刺梨育苗技术规程	地方标准
2	LY/T 2838	刺梨培育技术规程	地方标准
3	DB52/T 564	绿色有机食品 刺梨生产技术规程	地方标准
4	DB52/T 463	绿色有机农产品 刺梨	地方标准
5	DB52/T 936	地理标志产品 龙里刺梨	地方标准
6	DB52/T1079	地理标志产品 盘县刺梨果脯	地方标准
7	T/G ZSX059—2019	刺梨栽培技术规程	团体标准
8	T/G ZSX 058—2019	刺梨病虫害无害化防控技术规程	团体标准
9	T/G ZSX 057—2019	刺梨苗木质量	团体标准
10	T/G ZSX 056—2019	刺梨鲜果	团体标准
11	T/G ZSX055.10—2019	刺梨系列产品 刺梨水果罐头	团体标准
12	T/G ZSX 055.9—2019	刺梨系列产品 刺梨果脯	团体标准
13	T/G ZSX 055.8—2019	刺梨系列产品 刺梨酒（配制酒）	团体标准
14	T/G ZSX 055.7—2019	刺梨系列产品 刺梨酒（发酵酒）	团体标准
15	T/G ZSX 055.6—2019	刺梨系列产品 刺梨果味啤酒	团体标准
16	T/G ZSX 055.5—2019	刺梨系列产品 刺梨果茶饮料	团体标准

续表

序号	标准编号	标准名称	标准类别
17	T/G ZSX 055.4—2019	刺梨系列产品 刺梨咖啡（固体饮料）	团体标准
18	T/G ZSX 055.3—2019	刺梨系列产品 刺梨压片糖果	团体标准
19	T/G ZSX 055.2—2019	刺梨系列产品 刺梨精粉（固体饮料）	团体标准
20	T/G ZSX055.1—2019	刺梨系列产品 刺梨浓缩汁	团体标准
21	T/G ZCX 001—2020	加工用刺梨鲜果原料分级标准	团体标准
22	DB52/T 1487—2020	刺梨白粉病绿色防控技术规程	地方标准
23	DB52/T 1488—2020	刺梨梨小食心虫绿色防控技术规程	地方标准
24	T/G ZCX 002—2020	刺梨原汁	团体标准
25	T/G ZCX 004—2021	刺梨气泡饮料	团体标准
26	T/G ZCX 005—2021	刺梨汽酒	团体标准
27	T/G ZCX 006—2021	刺梨露酒	团体标准
28	TG ZCX 007—2021	刺梨干果	团体标准
29	T/G ZCX 008—2021	刺梨冻干粉	团体标准
30	T/G ZCX 009—2021	刺梨速溶粉	团体标准
31	T/G ZCX 010—2021	刺梨代餐粉	团体标准
32	T/G ZCX 011—2021	刺梨叶茶	团体标准
33	T/G ZCX 012—2021	刺梨酥	团体标准
34	T/G ZCX 013—2021	刺梨果糕	团体标准

三、加工现状

（一）加工企业

全省从事刺梨产品加工的企业 200 多家，其中具有一定规模的企业有 10 多家（见表 1–3），多数企业采用代加工的形式进行经营。

表 1–3 贵州刺梨加工规模企业

地区	所在县市	企业名称
六盘水市	盘州市	宏财聚农投资有限责任公司
	盘州市	贵州天刺力食品科技有限责任公司
	水城区	水城县初好农业科技开发有限公司
黔南布依族苗族自治州	龙里县	贵州恒力源天然生物科技有限公司
		贵州奇昴生物科技有限公司
		贵州黔宝食品有限公司
	贵定县	贵州天泷集团投资开发有限公司
		贵州山王果健康实业有限公司
		贵州敏子食品有限责任公司
	独山县	贵州金唯益大健康产业发展有限公司
毕节市	大方县	贵州金唯宝生物技术有限公司
	七星关区	贵州华凯农业科技发展有限公司
	黔西市	黔西绿源食品有限公司
安顺市	西秀区	贵州天赐贵宝食品有限公司
		春归保健科技有限公司
	关岭县	贵州云上刺梨花科技有限公司

续表

地区	所在县市	企业名称
贵阳市	花溪区	国药集团同济堂（贵州）制药有限公司
	乌当区	贵州龙膳香坊食品有限公司
遵义市	播州区	贵州山珍宝绿色科技开发有限公司

（二）加工产品

加工产品主要有食品类、保健品与药品类、化妆品类、饲料与肥料类四大类几十个产品。其中食品类包括刺梨饮料、刺梨原汁、刺梨浓缩汁、刺梨口服液、刺梨果脯、刺梨软糖、果酱、罐头、刺梨酒、刺梨醋等；保健品、药品类包括 SOD 刺梨营养液、SOD 刺梨胶浆、SOD 刺梨口服液、刺梨保健茶、抗感冒液等。饲料类包括刺梨渣饲料添加剂、刺梨渣堆肥；化妆品类包括面膜、洗发水、沐浴液等。产量最大的是刺梨饮料、刺梨原汁和刺梨口服液。2020 年，全省加工刺梨 10 万吨，加工产值 10 亿元。

第二节 贵州刺梨产业发展前景与发展策略

一、刺梨产业发展前景

（一）刺梨的安全性

1. 刺梨是普通食品

刺梨是普通食品，它经历了从药品—药食同源食品—普通食品的三个演变过程。

药品：1765 年《本草纲目拾遗》、1870 年《本草便方二亭集》、中国药典、中药大辞典、中华本草、全国中草药汇编都记载了刺梨的根、茎、叶、果实种子均可入药，有健胃、消食、滋补作用，根皮有止泻的功效。一直以来，民间有一句话，叫作“刺梨上市，太医无事”。

药食同源食品：药食同源食品即药食两用食品，原卫生部 1980 年公布的刺梨是药食同源食品。

普通食品：原卫生部 1998 年下发《关于 1998 年全国保健食品市场整顿工作安排的通知》（卫监发〔1998〕第 9 号），将刺梨列为普通食品管理。

2. 刺梨安全性

常言道：“是药三分毒。”药品和药食同源食品，在食用时都有剂量限制，而作为普通食品就与五谷杂粮一样，食用时只有推荐摄入量，没有限制量，表明刺梨更加安全，用途更加广泛。

（二）刺梨的营养价值

刺梨拥有极高的食用价值及药用价值，传统医学以其根和果实入药，主要原因是刺梨含有多种营养成分。刺梨鲜果中富含维生素、多酚、黄酮、有机酸、氨基酸以及微量元素等物质，包括维生素 C、K、E、B_1、胡萝卜素、叶酸等。其中维生素 C 含量高达到 3000 毫克 /100 克，是猕猴桃的 10 倍，苹果 的 500 倍，维生素 E 含量达 2.40—3.61 毫克 /100 克。刺梨中含有黄酮类物质，其苷元为杨梅素、槲皮素、山萘素，最高可达 0.8%，刺梨中主要的三萜类化合物为刺梨苷、五环三萜酯苷、委陵菜酸、刺梨酸、刺梨苷、野蔷薇苷等。有机酸主要包括苹果酸、酒石酸、乳酸、柠檬酸、草酸及琥珀酸，其中高级脂肪酸有亚油酸、亚麻酸、油酸、棕榈酸和硬脂酸。

刺梨还含有超氧化物歧化酶（SOO），超氧化物歧化酶的平均活性为 3.5×10^3，浓缩后可达 36.4×10^3，超氧化物歧化酶主要以锰超氧化物歧化酶形式存在。同时还含刺梨多酚，孙红艳等人采用超声波法进行提取，刺梨多酚含量达 15.9 毫克 / 克。此外，刺梨还含有 铁、锰、锌、锶、钪、铷、铜、钴、镍、钒、氟、硅等多种微量元素，下面重点介绍以下营养素。

1. 维生素 C

维生素 C 又叫 L- 抗坏血酸，一种水溶性维生素，是刺梨中含量最为丰富的营养成分。刺梨果实中维 C 的平量高达 2300 毫克 /100 克，最高者可达 3000 毫克 /100 克，是猕猴桃的 10 倍、柑橘的 50 倍、柠檬的 100 倍、苹果的 500 倍。维生素 C 促进抗体形成提高免疫功能；促进铁吸收和组织修补，保持血管的完整；促进胶原蛋白的合成，防止牙龈出血，坚固结缔组织；可缓解铅、汞、镉、砷等重金属对机体的毒害，具有解毒作用；具有抗氧化、清除自由基、抑制酪氨酸酶作用，从而达到美白、淡斑的功效；可阻断致癌物 N- 亚硝基化合物合成，预防癌症有一定作用。

维生素 C 是人体唯一不能自身合成的维生素，只能通过从食物摄入，故也叫必须维生素。维生素 C 多存在于水果、蔬菜中，人类食用水果蔬菜，摄入维生素 C 很大程度上来源于水果、蔬菜。

2. 黄酮

刺梨中的黄酮类物质极为丰富，高达 20 毫克 /100 克以上。黄酮具有极强的抗氧化活性，同时还能够修复胰岛 β 细胞，降低三高，特别是降血糖效果明显；促进有益酶比如谷胱氨肽过氧化物酶、超氧化物歧化酶、过氧化氢酶等的活性（黄酮与超氧化物歧化酶形成一个有机的营养体），同时清除各种有毒自由基，修复细胞和线粒体损伤。

（三）刺梨的功效和作用

刺梨最早记载于田雯所著的《黔书》，其药用价值最早记载在清代赵学敏《本草纲目拾遗》一书中。经现代研究表明：刺梨具有多种药用保健功效，能够提高机体超氧化物歧化酶活力，降低过氧化脂含量，增强细胞免疫、体液免疫，提高小鼠血清中溶血素水平和溶菌酶含量，同时能够增强机体的非特异性、特异性免疫功能和抗应激功能。刺梨果实中活性成分超氧化物歧化酶、黄酮和多糖均有抗氧化的作用。刺梨能明显改善超氧化物歧化酶活性，提高谷胱甘肽过氧化物酶水平，减少丙二醛含量，保护细胞免受脂质氧化。刺梨中刺梨多糖还可以提高肌糖原的积累作用，提高血糖，降低尿素氮水平，显著降低小鼠血清乳酸，能有效抑制乳酸的积累，从而延缓疲劳。刺梨具有抗肿瘤作用，刺梨汁能够阻断人及动物体内合成致癌物质 N- 亚硝基脯氨酸。临床消化道肿瘤疗效观察显示，以刺梨为主要成分的爱福宁能减轻化疗副作用，提高骨髓对化疗的耐受性，并拮抗化疗对白细胞的抑制作用，减轻患者病痛。刺梨能有效抑制人类白血病 K562 肿瘤细胞增殖，显著减小 K562 细胞体积，细胞核形态结构发生变化以及异染色质增多的情况。刺梨还具有解毒作用，刺梨汁中的超氧化物歧化酶有很好的驱铅与排砷的作用，同时还能减少镉、锰、铜和锌等金属在机体内积累。李军等发现采用强化超氧化物歧化酶刺梨汁干预大鼠尿砷水平后，能有效改善砷所致的细胞免疫毒性。刺梨汁具有抗动脉粥样硬化作用。刺梨通过降低血脂水平、低密度脂蛋白胆固醇水平以及脂质过氧化物对低密度脂蛋白的损伤，减轻脂质过氧化的损伤，从而抑制动脉粥样硬化的发生。谭书明教授研究发现灌胃刺梨汁的小鼠血清及肝脏中的血清总胆固醇、甘油三酯水平明显降低，高密度脂蛋白胆固醇水平明显升高，可显著改善高脂血症；孙兆峰等发现刺梨叶可降低总胆固醇和低密度脂蛋白含量，具有一定的调节血脂代谢的作用。刺梨具有降血糖的功效，通过减少机体氧化损伤，增强机体抗氧化能力，抑制对氧化应激产生，达到预防糖尿病的效果。刺梨能够防治糖尿病，刺梨汁能明显降低小鼠空腹血糖值。贵州大学谭书明教授及中科院杨小生研究员的研究均证明了刺梨具有解酒护肝的作用。另外，刺梨还具有防辐射作用，刺梨中的黄酮能够减轻电离辐射带来的伤害，减轻正常细胞组织遭遇破坏或死亡，刺梨也具有镇静、治疗失眠、健脾助消化等作用。

综上所述，刺梨的功效和作用多且明显，可归纳为：强免防癌降“三高”，解酒护肝抗疲劳，排毒美容通便秘，改善睡眠消溃疡。下面重点介绍一些刺梨的重要功效和作用。

1. 抗氧化作用

刺梨中的维生素 C 具有极强的抗氧化作用。氧化还原反应是生命活动的源泉。人体的呼吸作用是氧化反应，是将人体内的碳水化合物氧化成二氧化碳和水，同时产生能量，提供给生命活动，这就是人类离不开氧气的主要原因，所以，人类时刻都需要呼吸氧气。氧化反应在产生能量的同时，也产生了各种自由基，比如 DPPH（二苯基 -2- 三硝基苯肼，自由基）、ROS［活性氧自由基，包括超氧阴离子（O^-_2）、羟自由基（-OH）和过氧化氢 H_2O_2 等］、ABTS（别名：2，2′ －联氮－双 -3- 乙基苯并噻唑啉 -6- 磺酸，分子式 :$C_{18}H_{24}N_6O_6S_4$）和过氧化质。当人体内这些自由基的含量过量时，会对人体产生毒害，导致机体损伤，可产生老年斑、坏血病等，加速人体衰老。维生素 C 可以将这些自由基和过氧化质还原，从而达到清除自由基的效果，因此维生素 C 对人体而言，与氧气同等重要；也就是说，人类离不开维生素 C。

2. 增强免疫力作用

表 1-4　刺梨汁对小鼠腹腔巨噬细胞吞噬活性的影响

组别	小鼠数	吞噬百分比（%）	t 检验	吞噬指数	t 检验
对照组	9	8.73 ± 3.90	P ＜ 0.01	0.17 ± 0.11	P ＜ 0.05
刺梨汁组	9	20.08 ± 7.60		0.51 ± 0.30	

从表 1-4 看出，对照组比较，刺梨汁组小鼠腹腔巨噬细胞吞噬活性从 8.73% 增加到 20.08%，吞噬指数显著增大。

表 1–5　刺梨汁对 SRBC 致敏溶血素形成的影响

组别	小鼠数	HC50（z ± 88）	增加（%）
对照组	7	18.15 ± 5.99	–
刺梨汁组	7	27.25 ± 16.70	50.14

表 1–5 结果表明，摄入刺梨汁使小鼠溶血素形成增加了 50.14%，即刺梨汁的摄入对体液免疫功能有较大的促进作用。

表 1–6　刺梨汁对小常压耐缺氧能力的影响

组别	小鼠数	缺氧条件下的存活时间（分钟 z ± 88）	t 检验
对照组	7	18.15 ± 5.99	$P < 0.05$
刺梨汁组	7	27.25 ± 16.70	

表 1–6 结果表明，与对照组比较，刺梨汁组小鼠缺氧条件下的存活时间显著延长。

上述实验数据表明，刺梨对增强机体免疫力有显著作用，2020 年 4 月 28 日，钟南山院士在贵州刺梨产业发展论坛中指出："在抗疫期间，维生素 C 作为抗击疫情的一个重要的治疗手段被瑞京医院、中南医院所采用。她们尝试用大剂量的维生素 C 治疗重症患者，部分患者取得了很好的成果，说明维生素 C 增强免疫力显著。"

3. 防癌抗癌作用

表 1–7　刺梨果活性提取物对小鼠荷瘤 S180 实体型肿瘤的影响（$x \pm s$）

组别	剂量（mg/kg · d）	n	瘤重（g）	抑瘤率（%）
模型组	–	10	1.2143 ± 0.5766	–
阳性药组	30mg/kg · d	10	0.2736 ± 0.0841**	77.47
样品 A 低剂量	16	10	0.5912 ± 0.4921**	51.31

续表

组别	剂量（mg/kg・d）	n	瘤重（g）	抑瘤率（%）
样品 A 高剂量	32	10	0.7134 ± 0.4175*	41.25
样品 B 低剂量	16	10	0.7388 ± 0.5422*	39.16
样品 B 高剂量	32	10	0.6051 ± 0.4117**	50.17

与模型组比较，*P ＜ 0.05，**P ＜ 0.01

注：相关数据未在杨小生、马琳、梁冰等人公开的国家发明专利（ZL201110080992X）

表 1–7 结果表明，刺梨提取物对人体子宫内膜腺细胞有抑制作用。林东昕院士 1987 年研究了刺梨汁的防癌作用，表明刺梨汁的防癌作用非常明显。

4. 降血脂作用

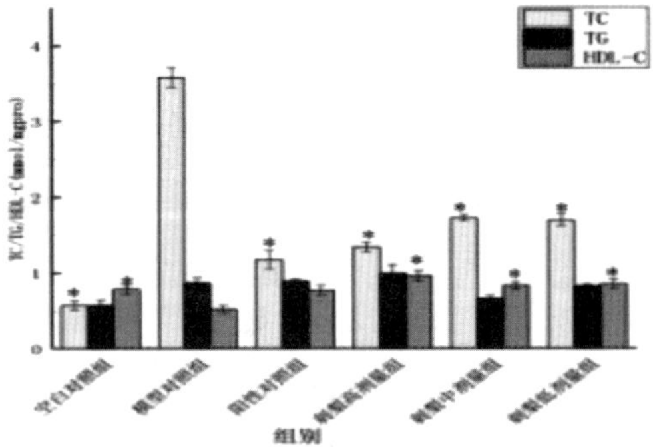

图 1–1　刺梨汁对小鼠肝脏血清总胆固醇、甘油三酯、高密度脂蛋白的影响

由图 1–1 可知，刺梨组有降低甘油三酯、明显降低胆固醇、增加高密度脂蛋白的效果，与阳性组（辛伐他汀片）基本接近。

5. 降血糖作用

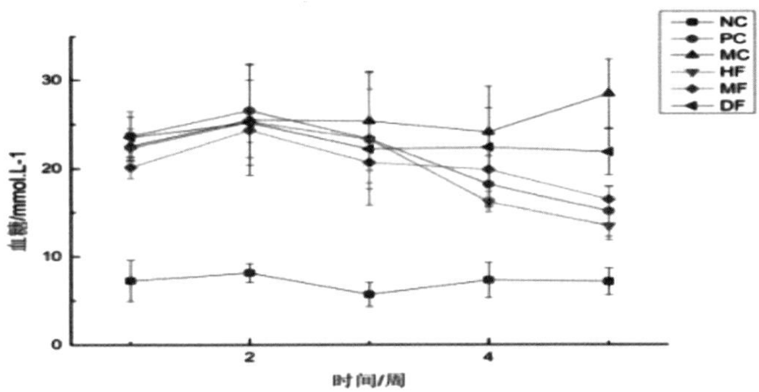

图 1-2 刺梨汁对糖尿病小鼠空腹血糖的影响

从图 1-2 可看出小鼠经过造模后各组小鼠的空腹血糖值明显高于正常组。模型组最高，说明模型组小鼠糖尿病越来越严重，其他各组小鼠经过 4 周的灌胃治疗后，血糖值均有不同程度的下降，阳性组（PC 盐酸二甲基双胍）下降了 36.21%，刺梨高剂量组下降了 39.80%，比阳性组多降低 3.6%。

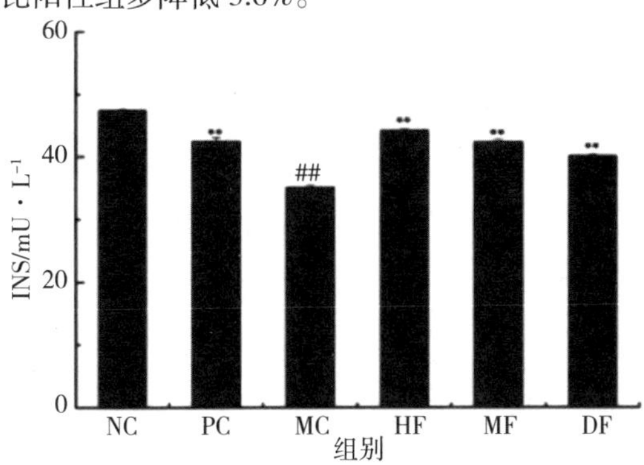

图 1-3 刺梨汁对糖尿病小鼠血清胰岛素的影响

从图 1-3 可知，与空白组比较，模型组中的胰岛素值显著降低，表明模型组小鼠的胰岛 B 细胞受损严重，胰岛素分泌减少；与模型组比较，刺梨汁高、中、低剂量组均有显著升高，分别升高了 26.13%、20.60%、14.21%。

6. 解酒护肝作用

从表 1–8 可以看出，刺梨口服液组乙醇脱氢酶和乙醛脱氢酶明显高于其他组，并且刺梨口服液解酒能力高于阳性对照组。

表 1–8　刺梨法对大鼠 ADHALDH 活力的影响

分组	ADH	ALDH
空白对照组	1417.09 ± 81.56**	1013.76 ± 65.22**
模型对照组	1826.99 ± 110.93##	1253.08 ± 83.11##
阳性对照组	2531.05 ± 74.05##**	1707.83 ± 55.76##**
口服液组	2651.23 ± 81.07##**	1819.42 ± 68.59##**

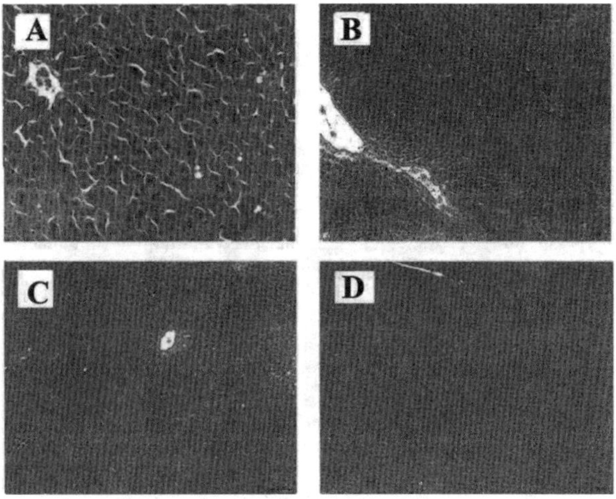

A. 空白对照组；B. 模型对照组；C. 阳性对照组；D. 口服液组

图 1–4　刺梨汁对小鼠肝脏细胞组织的影响

由图 1-4 可以看出，空白 A 对照组大鼠肝细胞形态结构完整，肝细胞索排列规则。模型对照组 B 大鼠肝细胞肿胀出现局部坏死，肝细胞排列紊乱。阳性对照组 C 和口服液组 D 肝细胞损伤程度明显减轻，阳性组有少量肝细胞出现轻微的变性和坏死；口服液组肝细胞结构较完整，排列比较规则。结果表明，急性酒精会引起大鼠肝细胞结构损伤，而刺梨汁可以抑制这些病变情况，说明刺梨解酒口服液对急性酒精所致肝损伤具有一定的保护作用。

7. 治疗溃疡作用

表 1-9　刺梨汁治疗口腔溃疡的影响

组别	例数	痊愈	显效	有效	无效	总有效
复方刺梨合剂组	50	2（4.0）	27（54.0）	12（24.0）	9（18.0）	41（82.0）
复方氧已定漱口液组	50	0	5（10.0）	11（22.0）	34（68.0）	16（32.0）

通过临床治疗统计，刺梨汁与复方氯已定漱口液治疗复发性阿弗他溃疡的疗效对比，刺梨组疼痛程度减轻、愈合时间更短，溃疡间歇期延长，疗效更好。

8. 抗疲劳作用

表 1-10　刺梨提取物对小鼠耐缺氧存活时间的影响（$x \pm s$）

组别	剂量 /g · kg^{-1}	耐缺氧存活时间 /s
模型对照	–	721.9 ± 16.4
阳性对照	0.57	801.7 ± 28.2**
刺梨提取物（高）	2.0	689.4 ± 25.6

续表

组别	剂量 /g · kg^{-1}	耐缺氧存活时间 /s
刺梨提取物（中）	1.0	708.2 ± 39.1
刺梨提取物（低）	0.5	834.8 ± 33.9**

与模型组比较，$^{**}P < 0.01$，n=10

注：出自文章《刺梨提取物影响小鼠抗疲劳及耐缺氧能力的研究》

通过小鼠力竭游泳实验和小鼠常压耐缺氧实验测定小鼠肝糖原和肌糖原的变化，表明刺梨提取液能增加小鼠机体糖原储备，显著增强小鼠的抗疲劳和耐缺氧能力。

二、刺梨产业发展策略

（一）响应国家产业政策

2017 年 10 月 18 日，十九大报告中指出，坚持人与自然和谐共生，必须树立和践行绿水青山就是金山银山的理念，坚持节约资源和保护环境的基本国策。贵州需要协调推进“四个全面”战略布局，守住发展和生态两条底线，培植后发优势，奋力后发赶超，走出一条有别于东部、不同于西部其他省份的发展新路，不断丰富发展经济和保护生态之间的辩证关系，在实践中将“绿水青山就是金山银山”化为生动的现实。

1. 刺梨是治理石漠化的有效手段

石漠化亦称石质荒漠化。是指因水土流失而导致地表土壤损失，基岩裸露，土地丧失农业利用价值和生态环境退化的现象。石漠化多发生在石灰岩地区，土层厚度薄（多数不足 10 厘米），地表呈现类似荒漠景观的岩石逐渐裸露的演变过程。贵州是中国石漠化分布面积最大、危害最严重的省份。截至 2019 年年底，贵州省石漠化土地面积 200 多万公顷。刺梨根系发达，耐旱耐寒，耐土壤贫瘠，非常适宜在石灰岩石质山地石漠化地区栽培，可以为贵州石漠化治理贡献一份力量。

2. 刺梨为贵州脱贫攻坚助力

山间野果蜕变为致富“金果”，得益于贵州坚持加工带动产业发展的路子。为推动刺梨产业高质量发展，我省积极引进广药集团、娃哈哈集团等省外食品行业著名企业，积极扶持贵州宏财、山王果、天刺力等本土企业，不断推动刺梨工业化进程，并聚合各方之力，助推刺梨走出深山，走向全国，助力刺梨产业发展成为推动经济发展、助力脱贫攻坚的富民惠民大产业。

2020 年是决战脱贫攻坚、决胜同步小康的收官之年，贵州省进一步坚持消费为导向，坚持加工带动这条主线，继续推动刺梨产业市场建设、品牌建设等各方面重点工作，为刺梨产业种植端、加工端提供有力支撑，不断强化“加工企业 + 合作社 + 基地 + 贫困户”利益联结机制，确保有力有效推动贵州刺梨产业发展，从而进一步激发刺梨产业脱贫攻坚效应，助力全省脱贫攻坚。

（二）布局规划

1. 总体要求

按照守住发展和生态两条底线的要求，以市场为导向，以科技为支撑，以产业升级为突破口，充分发挥龙头企业的带头示范作用，逐步形成资源相对稳定充足产出效益显著的产、供、销发展格局，把刺梨产业建设成为促进林农增收致富和改善生态环境的重要产业。

2. 工作原则

（1）市场主导，政府推动

充分发挥市场在资源配置中的决定性作用，建立以市场为导向的刺梨产业发展机制；强化政府制定和实施刺梨产业发展规划、标准、政策、激励机制和提供公共服务等方面的职责。

（2）龙头带动，品牌引领

集中培育刺梨龙头企业，促进刺梨生产加工企业集群化、龙头化发展，加快市场拓展，全面提升贵州刺梨产品的知名度和影响力。

（3）科技支撑，示范辐射

坚持科技引领，强化科技在基础研究、产品研发、精深加工等环节的重要作用。通过建设示范基地和示范企业，提高刺梨产业标准化、科技化水平。

（4）统筹协调，整合发展

强化合作，逐步建立"政、产、学、研、商"沟通协调机制，共享技术信息。统筹整合各部门资金、人力、物力要素，形成工作合力，推进刺梨产业发展。

3. 区域布局

（1）种植基地建设

刺梨基地建设布局在黔南布依族苗族自治州、六盘水市、安顺市、毕节市四个地区，龙里、贵定、长顺、惠水、平塘、西秀、平坝、普定、镇宁、盘州、水城、六枝、黔西、大方等14个县，其中重点布局在盘州、水城、龙里、贵定、六枝、黔西、大方、西秀等县（区）。

（2）加工区域布局

加快培育龙头企业，依托现有产业条件和发展基础，通过规划引导，优选一批发展潜力大、市场前景好、整体实力强的龙头企业进行重点扶持，带动产业发展。重点布局在盘州、龙里、贵定、西秀、黔西、大方等县市。

（三）发展思路

1. 总体思路

由于刺梨的外观、形状、适口性都较差，不适于鲜果销售。必须走加工路线，把刺梨从农产品变为工业品，从工业品变成健康消费品的发展路径。刺梨没有加工就没有前途，没有市场就没有希望。

2. 贵州刺梨产业存在的问题

（1）刺梨产业还处于产业链低端

虽然贵州刺梨产业取得了长足发展，但目前还处于产业链低端，目前刺梨产业发展现状可以用“粗、低、弱”三个字来表述。

“粗”就是粗放。种植环节的粗放体现在基地标准化水平不高，亩均产量太低，平均亩产还不足1000斤。加工环节的粗放体现在产品主要以榨汁、制成饮料为主，有益成分研发能力不足。销售环节的粗放体现在产品包装水平不高，不规范。

“低”就是效益低、收益低、档次低。亩均效益仅1000余元，百姓收益低，影响积极性。精深加工不足，导致产品附加值低，产品档次低，企业收益低，反哺农业和做大企业效应不足。

“弱”就是产业弱、企业弱、品牌弱。虽然全省刺梨种植面积已达200万亩，2020年全年鲜果销售收入仅4亿元左右。产业总体规模小，企业发展实力弱。

（2）科研滞后

贵州省刺梨研究主要集中在两个阶段，第一阶段是20世纪80年代到90年代初，第二阶段是2012年以后，其间由于刺梨产业进入低谷期，科研投入很少，导致刺梨产业基础研究和应用基础研究欠缺、育种和高端产品开发滞后，出现品种单一、产品低端并同质化严重。由于贵州省刺梨产业研究院、刺梨工程技术研究中心都是在2019年创建，平台基础条件薄弱，尤其是研究设施缺乏，而刺梨产品加工技术成果只有通过试验后才能转化到实际生产。

3. 发展思路

（1）加强品种选育

目前，刺梨栽培品种还比较单一，主要是“贵农5号”和“贵农7号”，其中“贵农5号”占总栽培数量的90%左右。仅用这两个品种加工各类产品存在很大的局限性，不同的加工产品对原料的需求是不一样的，应根据加工产品需求选育不同的品种。

（2）提高种植及管理水平

目前，贵州刺梨种植基地虽然有200多万亩，但多数管护不到位，出现低产的状况，需要提高种植及管理水平，开展绿色、有机食品基地建立质量安全追溯体系。

（3）加大高端产品开发

贵州现有刺梨产品主要有果脯、饮料、酒三类，其中饮料主要是刺梨原汁和配制饮料，同质化严重并且过分宣传功效。应该开发针对不同人群开发专门功能性饮料，如开发解酒、降血脂、降血糖、降血压、降尿酸、抗癌、美白、保湿等系列产品。

（4）加强标准化建设

贵州刺梨标准化建设起步较晚，目前虽然30多个地方标准及团体标准，但涉及范围还不够，标准级别较低，应加强地方标准、行业标准及国家标准的建设力度。

（5）加大品牌培育

贵州经过几年建设，虽然出现了“刺柠吉”“维C赢”“刺梨王”“天刺力”“恒力源”“天泷”等品牌，同时打造“贵州刺梨·维C之王”公共品牌，但知名度不够高，应该着重打造公共品牌，加强对公共品牌管理、加大对公共品牌宣传，让贵州刺梨家喻户晓。

（四）产业政策

贵州省委、省政府对刺梨产业发展高度重视，于2018年将刺梨产业纳入贵州省农村产业革命十二大特色农业产业之一，在政策、资金等方面给予大力支持。

1. 2019年刺梨产业相关政策

2019年5月15日，贵州省副省长陶长海主持召开研究推进全省刺梨产业发展有关工作会议。会议指出，刺梨产业是我省极具发展前景的特色优势产业。近年来，全省刺梨产业发展初具规模，种植面积不断扩大，加工能力不断提升，带动农民增收致富效果明显。会议强调，刺梨产业是省委、省政府重点培育发展的 12 大高效特色农业产业之一。大力发展刺梨产业，既是守住发展和生态两条底线的具体要求，也是深入实施农村产业革命、调整农村产业经济结构、带动农村群众脱贫增收的重要途径。要从目标、思路、路径、政策、责任等方面加强统筹谋划，全力推动刺梨产业健康发展，努力把刺梨产业打造成贵州特有的亮丽名片。

（1）明确发展目标

在现有规模的基础上，到 2021 年全省刺梨种植面积新增 60 万亩，鲜果产量达到 50 万吨，综合产值达到 100 亿元。省刺梨工作专班要根据刺梨种植面积、挂果面积和原汁产量实际，进一步分年度细化明确我省刺梨产业发展目标并切实抓好落地落实。

（2）坚持加工带动

要按照“把农产品变工业品、把工业品变健康消费品”的思路，坚持走加工带动之路，大力发展刺梨加工，不断提升刺梨产品附加值。要培育和引进龙头企业，着力扶优扶强，重点扶持综合产值 1 亿元以上和具有发展前景的加工企业。要充分发挥骨干龙头企业带动作用，依托广药集团和我省加工龙头企业，大力拓展上下游产业，全力打造重点品牌，不断提升我省刺梨产业加工能力和水平。

（3）提升种植水平

要认真研究刺梨种植规模，建立加工能力与种植规模挂钩联动机制，以加工能力确定种植面积。要加强规范化、标准化种植，着力提升单产水平。要以现有刺梨产业发展重点市、县为主，集中打造规范化标准化刺梨种植示范点或示范带。采取“订单农业”模式发展刺梨产业，引导加工企业和种植基地长期合作，形成利益共同体，促进种植农户脱贫增收致富。

（4）增强科技支撑

贵州大学牵头,依托国家林业和草原局刺梨工程技术研究中心，整合现有刺梨科研力量，加快成立贵州省刺梨产业权威性综合研究机构。重点开展刺梨功效、种植标准、加工标准、新产品开发等研究，尽快发布研究成果，形成刺梨种植和产品研发的全国性甚至国际性标准，为全省刺梨产业发展提供强有力的科技支撑。加工企业要加强新产品开发创新工作，开发更多拳头产品。

（5）加大政策支持

省刺梨工作专班要统筹安排省级财政刺梨发展专项资金，重点支持刺梨产业科研、加工、宣传、市场推广等关键环节。利用省工业及省属国有企业绿色发展基金、贵州绿色产业扶贫投资基金倾斜支持刺梨项目建设，充分用好现行刺梨种植补贴政策，不断提高刺梨种植质量。

（6）强化责任落实

一是省刺梨工作专班要负责全省刺梨产业发展的牵头抓总和统筹协调，省工业厅和信息化厅重点负责刺梨加工有关工作。二是省林业局负责统筹全省刺梨种植，着力提升刺梨种植基地标准化、规模化水平。三是省农业农村厅负责刺梨产业发展工作调度，做好日常工作推进。四是省财政厅、省科技厅、省商务厅、省市场监管局等单位分别负责刺梨产业发展的资金支持、科技攻关、产销对接、品牌培育等工作。五是省刺梨工作专班负责加快刺梨产业广告宣传制作进度，凝练经典创意广告词语，在国家级媒体、贵州省媒体和广东省有关媒体进行大力宣传，全力打造“贵州刺梨”公共品牌。加快筹建贵州省刺梨行业协会，把生产端和销售端联结起来，实现产业联合。要加快出台并推进刺梨产业发展方案，对重点工作以清单化形式定期调度推动，确保各项工作落细落实。六是刺梨产业发展重点市县政府要切实履行主体责任，在生产、加工、政策支持、协调服务等各个方面加大工作力度，为刺梨产业营造良好环境，推动其健康快速发展。

2. 2020 年刺梨产业相关政策

2020 年贵州刺梨产业现场推进会在安顺召开，总结了全省刺梨产业发展情况，并对接下来的工作进行安排部署。

（1）今年以来，省委、省政府把刺梨产业作为农村产业种植结构调整和脱贫攻坚的重要载体，主要领导亲自安排部署工作、坚持高位推动，全省上下克服疫情影响和经济下行压力，齐心协力，以工业化思维推进刺梨产业发展，使得刺梨产业种植水平进一步提升、加工能力进一步增强、龙头企业实力进一步壮大、品牌影响力进一步扩大，有力推动了全省刺梨产业向做大做强方向稳步迈进，真正让贵州刺梨产品品类多起来、品质提起来，品牌形象立起来、响起来。

（2）要重点培育建设刺梨产业经济带，切实提高亩产水平和产出效益，强化龙头企业培育，推动品牌、资金、技术向优势企业靠拢，支持刺梨加工企业做大做强。持续坚定信心决心，抓好刺梨产业发展的重点工作落实，加强优质种植基地打造，重点培育建设刺梨产业经济带，切实提高亩产水平和产出效益；强化订单式保底收购，持续完善利益联结机制，切实保障果农收益，避免“果贱伤农”；强化龙头企业培育，推动品牌、资金、技术向优势企业靠拢，支持刺梨加工企业做大做强；并强化刺梨系列领军产品培育，优化提升产品包装质量，打造一批“叫得响”的拳头产品；持续加强广告营销宣传力度，科学找准刺梨品牌定位，扩大刺梨产业的影响力和市场占有率；强化政策服务保障，通过政策服务、资金支持，切实推动刺梨龙头企业、重点项目加快发展，进一步把刺梨产业真正打造为富民产业、脱贫攻坚产业和乡村振兴产业，为决胜脱贫攻坚、全面同步小康打下坚实基础。

（3）要切实推动刺梨龙头企业、重点项目快速发展，把刺梨产业真正打造为富民产业、脱贫攻坚产业和乡村振兴产业。坚持育好一颗金果、催生一项产业，扶好一个企业、带富一批群众，管好一个产业、做优一个品牌，销好一个产品、占领一个市场的“四好”理念，坚定不移把金刺梨产业作为推动绿色发展、决战脱贫攻坚、决胜全面小康的主导产业来狠抓落实，并树立牢固的绿水青山就是金山银山的新发展理念，推动金刺梨产业经济发展与生态环境保护的有机统一。

3. 2021 年刺梨产业相关政策

2021 年 2 月 8 日，贵州省刺梨产业发展工作专班印发《贵州刺梨产业 2021 年高质量发展工作要点》，明确 2021 年全省刺梨产业目标总任务：种植面积稳定在 210 万亩，鲜果产量达到 13 万吨以上，刺梨加工产品销售20亿元以上，增长50%以上，力争实现翻一番。

（1）按照新型工业化引领“新四化”和高质量发展要求，纵深推进农村产业革命，充分发挥贵州刺梨资源优势，坚持加工带动，以市场化方式发展刺梨产业，提高刺梨产业标准化、规模化和品牌化水平，持续打造“贵州刺梨”公共品牌，全力发展线上线下市场，持续巩固拓展脱贫攻坚成果，有效衔接乡村振兴战略计划，努力把刺梨产业打造成为富民利民的特色优势产业。

（2）推进种植基地规范化建设。持续推进刺梨种植基地规范化建设，打造六盘水市、黔南州、安顺市、毕节市4个刺梨产业经济带，推动刺梨种植提质增效，建设刺梨示范基地15个，提高亩产水平和产出效益，实现高效示范基地盛果期亩产达到1000斤以上。支持各地开展刺梨绿色食品研发、有机农产品基地建设，推进有机产品认证。

（3）强化订单式保底收购协议的实施。指导实施刺梨鲜果订单式保底收购，推动刺梨加工企业与农户签订保底收购协议，保底收购率达85%以上。完善“加工企业＋合作社（基地）＋农户”利益联结机制，通过刺梨产业贷帮助企业解决收购资金困难，确保刺梨鲜果应收尽收，在保障农民基本收益的条件下，进一步带动其增收致富。

（4）持续强化加工带动。合理布局加工企业，支持重点县市新建一批刺梨鲜果加工企业，支持宏财、山王果、天刺力、欣扬、天泷、山珍宝、恒力源等企业实施技改扩能，力争鲜果加工能力达 20 万吨以上。引导省内刺梨加工企业与国内外优强企业通过联合、并购、品牌合作等方式开展合作。瞄准行业龙头企业和渠道资源，引进一批影响力较强、投资规模大、市场前景好的刺梨产业项目。

（5）加快优强企业培育。集中省市县资源重点培育刺梨高成长企业，全力培育刺梨产品销售收入 10 亿元的刺梨龙头企业 1 户、2 亿元 2 户、1 亿元 5 户。六盘水、安顺、毕节、黔南等地需培育两家刺梨加工企业，贵阳、遵义、黔西南需培育 1 家刺梨加工企业。发挥广药、娃哈哈、光明等行业领军企业作用，带动贵州刺梨企业做大做强。

（6）加强拳头产品培育。支持刺力王、初好、恒力源做刺梨饮品，支持山王果、天刺力、天泷、春归等企业做刺梨原汁，支持欣扬、山珍宝、天赐贵宝、国药集团等企业做刺梨系列中高端产品，支持企业围绕市场需求，研究开发多元化的刺梨保健食品、药品、日化用品。

（7）加强产品质量提升。制定完善贵州刺梨加工标准化，推进标准化生产、实施标准化管理，不断提升刺梨产品品质。指导企业规范产品信息标识，规范维生素 C 含量标注，合理标注“贵州刺梨”，提升品牌形象。支持企业推进质量认证和可追溯体系建设，加强刺梨产品质量和食品安全监管。

（8）持续打造公共品牌。完善公共品牌管理机制，对主动申报使用贵州刺梨公共品牌的企业，做好品牌意识培育，力争新增授权企业 10 户。发挥企业主体作用，不断强化企业品牌研究、品牌设计、品牌定位，完善企业品牌经营管理体系，支持企业建立品牌培育管理体系。加强知识产权保护，打造特色鲜明优势突出的全国性、区域性知名企业品牌。

（9）持续加强宣传推广。推动广药、娃哈哈等企业在中央广播电视总台、省级重点卫视、新媒体等刺梨产品广告宣传的投放，赋能贵州刺梨产业。支持企业围绕“贵州刺梨・维 C 之王”这一宣传核心，通过电视、新媒体等渠道大力宣传推介，进一步提升贵州刺梨品牌影响力。并支持各刺梨企业根据自身产品特点，结合消费地域性，在重点城市区域开展精准宣传推介。组织企业参加全国具有一定影响力的展销会，以体验、品鉴等方式深入宣传推介。

（10）支持刺梨企业拓展市场。支持刺梨企业提升自主营销能力，在淘宝、京东、拼多多、一码贵州等电商平台搭建销售平台。支持企业入驻省内旅游景区、高速公路服务区、高铁站、机场、大型商超、社区便利店等，持续推动刺梨产品进机关、进学校、进军营等“七进”活动。充分利用央企资源、东部帮扶资源，帮助企业做大市场，积极拓展省内外各类市场。

（11）强化科技支撑。借力各类权威性科研力量，联合省内科研机构开展刺梨科研攻关，加强刺梨成分检测、功效研究，为刺梨原料控制、工艺优化、新品开发、质量控制提供科技支撑。充分发挥省内刺梨科研力量，推进完善刺梨加工、种植系列标准，推进刺梨食品安全企业标准备案，推动实施标准化管理、标准化生产。支持开展刺梨良繁基地建设和国家刺梨种质资源保存库建设，选育培育一批功能性品种、早中晚熟品种。

第二章 刺梨生产实用技术

第一节 育苗技术

刺梨的枝容易发生不定根，用枝条扦插容易生根成苗并保持品种的优良性状，成本低，因此生产上多采用此法。而用种子播种进行实生繁殖的后代容易发生性状变异，生产上不宜采用。由于剪取枝条方便容易，因此刺梨的扦插繁殖主要是用枝插的方式，其方法如下：

一、苗圃选择与准备

苗圃地选择要求平缓、向阳、水源充足、排灌方便、交通便利；土质疏松、肥沃，土层厚度 60 厘米以上，pH 值 5.5 ~ 6.5 的壤土为宜。之前已经做过刺梨的苗圃地土壤，不宜再做刺梨苗圃，或经过土壤消毒之后再用。扦插前将苗床的土壤深挖、作厢（高畦）、整细、浇透水（也可加低浓度水溶性肥），然后用防草地膜覆盖备用。为方便管理，一般畦宽 1 ~ 1.2 米、高 0.2 ~ 0. 25 米、中间留宽 30～35 厘米步道。

二、绿枝扦插

秋季比夏季扦插的成活率与发根率高。在 9 月中旬至 10 月中下旬，从结实良好、无病虫害的优良品种母株上剪取生长充实健壮的当年生枝，剪成 10～15 厘米作为插条。插前用 30～50 毫克 / 千克的 ABT 生根粉溶液将插条基部浸泡 1～2 小时，可提高成活率。扦插深度为插条顶部高于土面 1～2 厘米即可，株距 8～10 厘米、行距 10～15 厘米。扦插后应加强土壤水分管理和除草，成活后可适当喷施尿素等以促进苗木生长健壮。

三、硬枝扦插

春、夏、秋三季都可进行硬枝扦插，但以春季发芽前和秋季 9 月中旬至 10 月中下旬为宜。扦插时选择生长健壮的 1～2 年生枝作为插条，插前须用 30～50 毫克 / 千克的 ABT 生根粉溶液将插条基部浸泡 1～2 小时。扦插方法和管理与绿枝扦插相同。

第二节 刺梨栽培管理实用技术

一、栽植技术

刺梨的栽植时期最好在秋季落叶后至次年春季萌芽前，以每年的 11 月至次年 2 月上旬之前为宜，一般 12 月为最佳栽植时间。为便于今后管理，平地果园株行距建议 2.5 米 ×4 米或 2 米 ×4 米，每亩种植 67 株～83 株；土壤条件差时，也可适当密植（如 2 米 ×3 米或 2 米 ×2 米）。选择山地或丘陵地作为园地时，应修整水平梯带，避免水土流失。为保证能达到早果、丰产，定植 1 个月前应整理好水平梯带、挖好定植穴，定植穴规格一般为 80 厘米 ×80 厘米 ×60 厘米；每穴施腐熟过的农家肥 15～20 千克，先将腐熟农家肥施放于穴底，然后回填土壤至高于地面 10～15 厘米。农家肥可在穴内继续腐熟 1 月。之后将苗栽植与穴内，整理好树盘，浇足定根水。

二、肥水管理技术

（一）施肥技术

1. 施肥原则

适时满足刺梨对各种营养元素的需求，多施有机肥，合理施用无机肥。建议刺梨园每年施基肥 1 次，追肥 12 次。基肥是较长时期供给树体多种养分的基础肥料，以腐殖酸类肥料、堆肥、厩肥、圈肥、粪肥等有机肥料为主，一般以腐熟的农家肥较好，也可是符合国家有关标准的商品有机肥。每年采果后尽量早施和施足基肥，对树体贮藏营养水平和次年的花芽分化、生长结果有显著的促进作用，也是刺梨园周年管理必不可少的重要措施。基肥的施肥时间一般为 10～12 月份，尽量提早。基肥施用量可视树势、土壤及管理水平确定，一般每株不少于 10 千克农家肥（或有机质含量相当的商品有机肥、生物肥等），并适当配合 0.51 千克的 N、P、K 均衡的复合肥。

2. 追肥施用

定植后第 1 年至第 2 年，每年 2 月到 3 月份，每株可追施尿素 150 克～200 克；从第 3 年起，每年可分别在 2 至 3 月和 6 月至 7 月，每株追施氮磷钾复合肥 50～250 克两次；有灌溉条件的刺梨园，提倡追肥液体肥或采用肥水同时施用的肥水耦合方式，有利于树体吸收并提高肥料利用率。由于 6、7 月份温度高、湿度大，如果土壤或肥料中含 N 量较大时应注意白粉病的防控。

3. 施肥方法

可根据具体情况选择环状施肥、穴状施肥或条沟施肥等方式，为节约劳动力成本，一般幼树采用环状施肥，成年树采用穴状施肥或条沟施肥较好。

（1）环状施肥：一般幼树或树冠较小时采用此法，即在树干周围沿着树冠外缘，挖一条深 20～40 厘米左右的环状施肥沟，将肥料均匀施入沟内，和土壤拌匀后覆土并整理好树盘。如果是农家肥，施肥沟可适当深挖，且施肥沟的位置应随树冠的扩大逐年向外扩展。

（2）穴状施肥：以树干为中心，在树干周围沿着树冠外缘挖 46 个分布均匀的小穴，宽、深规格可为 20 厘米 ×20 厘米，将肥料施入穴中埋好即可。由于减少了挖土量，因此可节约劳动力成本。

（3）条沟施肥：在成林果园的两株之间挖沟施肥，长度约为树冠直径大小，沟的深度及施肥方法和环状沟相同。每年的挖沟方位进行轮换，可同时达到松土的目的。

（二）土壤管理

幼龄刺梨园提倡间作，以降低夏季高温致使土壤水分蒸发。间作作物要求植株矮小、不具攀缘性、不与刺梨争光；生育期短，与刺梨的需水临界期和吸收养分的高潮错开；最好能提供较多该果园土壤缺乏的营养元素，并增加土壤有机质，改良土壤；病虫害少，与果树无共同病虫，尤其不能是病虫害的中间寄主；适应性强、耐荫、耐踏压、枝叶产量高等。生产上考虑豆科绿肥作物如大豆、绿豆、花生、豌豆、苕子等为宜；药用植物应选植株矮小、根系浅、需肥水少、对果树影响小的种类；还可选择马铃薯、萝卜等块根、块茎作物或叶菜、根菜类蔬菜等。

成龄刺梨园也可采用间作适宜作物、生草或进行覆盖等土壤管理方法，且每年结合基肥施用时深翻扩穴改良土壤 1 次；此外，应根据果园的具体情况每年对树盘进行中耕除草 12 次，全园割草 23 次，以减少杂草对水分、养分的消耗。果园覆盖即在树冠下或行间覆以杂草、秸秆、地膜等，对于防止水土流失、抑制杂草生长和增加土壤有效态养分极为有利。果园以覆草最为方便，覆草厚度为 5 ～ 10 厘米，覆草会因逐年腐烂而减少，因此要不断补充新草，不同果园可根据土质情况就地取材。防草地膜也在生产上逐渐推广应用，在减少劳动力成本、保持土壤水分及改良土壤结构等方面具有较大潜力；果园覆盖不同材质、不同厚度、不同颜色的地膜还对改善树体内膛光照、提升果实产量和品质等均有积极作用，今后应加强试验推广。

（三）水分管理

刺梨原产于我国南方多雨湿润地区，属喜湿植物，抗旱力弱，在雨量较少的干旱地区，刺梨的生长发育状况远不如多雨湿润地区。我国野生刺梨的分布区，年降雨量大多在1100毫米以上。我省野生刺梨也多分布于河流和水塘沿岸，或田坎路边等土壤含水量较多的地方。在湿润环境下，刺梨植株生长健壮，枝多叶茂，高产，果大质优。土壤干旱胁迫使刺梨的光合速率和叶绿素含量降低，使刺梨叶内营养元素含量减少。人工栽培或野生条件下，凡在土壤干旱及空气干燥的地方，刺梨生长较弱，叶易枯黄脱落，结果也少，且果小涩味重。刺梨的耐湿力较强，即使在较潮湿的土壤中，也能正常生长结实。

我省虽然雨量充沛，但季节性的降雨不均往往导致春旱、伏旱的发生。刺梨根系分布浅，抗旱力弱，干旱胁迫会严重抑制植株的生长和开花结果，降低产量和品质。刺梨在开花期和幼果发育期(一般3～5月）、果实膨大期（一般7月）对水分有较高的需求，此期若发生干旱应及时灌溉，有条件的地方提倡喷灌或滴管。可根据不同土壤的持水量、灌溉前的土壤湿度、土壤容重、要求土壤浸润的深度，计算出一定面积的理论参考灌水量（如下），并结合生产实际中的树龄、物候期、间作物情况以及光照、温度、持续干旱时间等环境因素酌情增减。

灌水量 = 灌溉面积 × 土壤浸润程度 × 土壤容重 × 田间持水量灌溉前土壤湿度

三、修剪技术

（一）适宜树形与树冠结构

刺梨属于丛生灌木，因此生产上可以因树造型形成自然丛生圆头形树冠，不仅整形容易，而且树冠形成快，进入盛果期时间短，后期修剪管理方便，经济效益明显。该树形无主干，从基部着生4～5个主枝，自然斜生，均匀分布空间，形成自然丛生状的圆头树形。树冠内部枝条互相不交错或过密，通风透光。此外，生产中也可采用单主干圆头树形，除保留单个主干之外，其他技术要求类似。

（二）修剪时间

修剪时期以落叶后的冬剪为主，一般在每年11～12月进行，同时辅之以生长期（夏季）的适量疏剪、抹稍等。

（三）幼树修剪

以轻剪为主，以培养树形。重点通过疏剪以选定和培养主枝、副主枝，主枝过多适当疏除（自然丛生树形在各方位均匀保留4—5个），其他枝梢作为营养枝尽量保留不剪，以促进树冠生长。

四、果园除草技术

刺梨园全年需除草23次，尤其应该保证树盘范围内干净，以减少杂草对水分和养分的消耗。果园除草技术一般包含人工除草、化学除草及覆盖式物理除草等方法。由于采用化学除草剂除草存在生态环境污染及药害风险，一般不提倡；人工除草虽然成本高、效率低，但目前仍是生产上广泛采用的最为安全有效的除草方法；地膜、秸秆覆盖和生草栽培能有效控制杂草，还能改善土壤水热条件，今后应加强在刺梨园中进行筛选试验和示范推广。比如，经贵州大学安华明等试验发现，秋冬季采用银黑双面防水膜覆盖，具有增加土壤含水率和介电常数，促进开花坐果等的作用，在提高产量的同时，减少除草成本。所以在刺梨生产栽培上选择银黑双面防水膜进行果园覆盖能有效增产、节本、增效。

但传统塑料膜、编织地布、无纺布、毛毡布等都是不可降解的产品，不可避免地存在残膜清理难、影响生态环境等缺点。而生态防草布采用环保可降解材质制作，是一款功能完整的防草布，使用后能被自然界中微生物在特定条件下完全降解，最终生成二氧化碳和水，是公认的环境友好材料，应是今后果园管理的有效方式和发展方向。

（一）结果树修剪

重点在于继续塑造和维持合理树形并注意树体更新，平时修剪时应尽量多疏剪少短截。

盛果期应保持枝条分布均匀和防止树冠内堂密闭，修剪时，疏过密枝、病虫枝、细弱枝、交叉枝等，尽量选留健壮的 1 年生枝条培养成结果母枝，同时培养结果枝、保留辅养枝，稀密适度，维持树势均衡。修剪时期以落叶后的冬剪为主，尽量多疏剪少短截，否则反而会刺激新枝产生和徒长，导致树冠中上部密闭；在生长旺盛的果园尤其应加强生长期（夏季）的抹梢和过密枝、当年生的徒长枝疏剪工作。

结果多年，接近衰老的果园，应注意进行树冠的更新修剪。刺梨树体容易通过抽生徒长枝形成大型结果母枝并在次年结果，因此回缩更新修剪可促使刺梨抽生徒长枝的数量增多，从而更新树冠和促进徒长性结果母枝形成，使修剪后树冠得以快速恢复。修剪时树冠基部抽生的强旺枝要尽量保留，作为老结果母枝的更新枝；而树冠中下部过于衰老的结果母枝要剪除。对衰老严重的多年生枝可进行重短截，促使其基部萌发抽生强枝并成为新的结果母枝。生产上为保留持续结果能力，可以对多主枝的树形进行轮换回缩更新修剪。

（二）省力化修剪技术及效果

由于刺梨树冠形成和生长较快，如果前期的整形工作不到位或者没有做到每年修剪，可能会迅速导致树冠内膛密闭，产量和品质急剧下降，病虫害加重等严重问题，并对之后的树体管理带来更大的困难；加之枝条有刺，整形修剪的动力成本会成倍增加。为此，贵州大学刺梨团队经过多年试验，开发出一种半机械化的省力化修剪技术，大大降低修剪难度、减少修剪时间和节约劳动力成本。该技术简单易懂，即使非专业管理者也可快速掌握。

修剪技术要点：在秋冬季节对于多年未进行过整形修剪的刺梨植株，采用电动篱剪在植株的适宜高度（≤ 1.5 米）进行平面式修剪，不管什么枝条，高于此高度的全部剪短，然后从基部适当疏剪掉过多的主枝以及明显扰乱树形的交叉大枝，树丛保留 56 个主干，以实现内膛空旷的同时保证结果部位充足，确保产量。

经过试验，该技术具有如下优点：①修剪效率大大提高且劳动力成本大大降低，即使是多年未整形修剪的大树，其修剪时间≤ 2 分钟 / 株，比传统修剪方法节约劳动力 20 ～ 30 倍；②坐果部位更加立体化，树冠中部也能很好结果，结果数量不仅未减少且单果重更大，品质提升明显；③果园敞亮、规范美观、树冠矮化，病虫害减少并提高了后期的田间管理及采果效率；④不要求过多专业知识，果农容易掌握，容易推广。⑤安全，避免传统修剪容易导致的皮刺伤手等。

五、果实采收技术

据贵州大学安华明等人测定，刺梨果皮由绿色转变为淡黄色时（一般 8 月下旬至 9 月中下旬），其中的维生素 C 含量达到最高峰，此后果实进一步成熟，果色由淡黄转为黄色以至浓黄色时，维生素 C 的含量又稍有下降。因此为了提高刺梨鲜果的营养价值，应在果实接近完熟、果皮由绿开始转为黄色时采收。采收时间应选早晚或无雨阴天为好，雨天采收的果实不耐贮运。采果时戴帆布手套将果实摘下放于容器中，剔除烂果、次果、小果，装入塑料果箱、纸果箱或规范网袋后即可运输、销售。

第三节 病虫害防治技术

一、刺梨病害绿色防控技术

（一）白粉病

1. 危害特征

刺梨白粉病以危害嫩梢与嫩叶为主，也会使花蕾、花和幼果、新嫩枝蔓受害，初呈现灰白色小斑，在幼嫩叶表面产生一层灰白色或白色粉质霉菌，逐渐向整个叶片蔓延，扩展蔓延全蔓发病。病蔓由灰白色逐渐变成暗灰色，最后黑色，严重发生可导致叶片卷缩枯萎。

2. 发生规律

贵州刺梨种植区的刺梨白粉病在4～11月均有发生，一般4月下旬出现，该病通常以分生孢子借助风力传播，蔓延较快、发病较重时间为5月下旬至6月上旬。随着刺梨新梢、新叶片的生长逐渐加重。7～8月高温天气对病害的发展有一定的抑制作用，随后由于叶片老化，发病率逐渐下降。

3. 防控技术

（1）农业防治：①品种选栽，新建刺梨基地种植园宜选择质优、抗白粉病的品种进行栽培。②科学施肥，合理控制氮肥施用，适量增施磷、钾肥等有机肥，不应使用含激素的叶面肥。③修剪管理，合理密植；及时整形修剪，增强树势，增加通透性；合理疏花、疏果；冬季清园，剪除病枝叶，并喷施石硫合剂等制剂封园。

（2）生物防治：选用生物诱导剂，提高植株自身抗病免疫能力；同时在白粉病发生初期，使用哈茨木霉菌等生物农药开展防治。

（3）化学防治：①防治期，刺梨新叶平展后，未发病前施用保护剂；白粉病发生初期，施用治疗剂。②农药选用，500 ~ 800 倍液 80% 可湿性粉剂代森锰锌，发病前或始病期用药，视发生情况，每 7 天施药 1 次，每季不得超过 3 次；850 ~ 1450 倍液 250 克 / 升悬浮剂嘧菌酯发病前或始病期用药，视发生情况，每 5 ~ 7 天施药 1 次，每季不得超过 2 次；500 ~ 650 倍液 0.3% 可溶液剂丁子香酚发病前或始病期施药，视发生情况，每 5 ~ 7 天施药 1 次，连续用药 2 ~ 3 次。

（二）茎腐病

1. 危害特征

刺梨茎腐病主要危害插茎和新生枝条。枝条染病后，茎秆现黑褐色病斑、干瘪；严重时，黑褐色下陷出现腐烂斑。发病后，地上部分枝叶初期萎蔫变黄，严重时甚至枯死。

2. 发生规律

刺梨茎腐病常发生于苗期，一般 5 ~ 6 月出现。

3. 防控技术

（1）农业防治：①选好圃地，宜选择土壤疏松、肥沃灌溉及排水条件好的地块育苗，尽量避开重茬苗圃地。长期种植蔬菜、豆类、瓜类、马铃薯的地块也不宜作为苗圃地。②加强田间管理，疏松土壤，及时排水，提高植株抗病能力。③发病期，勤勘查，发现病株及时清除，一般不必施药防治。

（2）药剂防治。在开花前用30%吡唑醚菌酯悬浮剂5000倍液或25%腈菌唑乳油800倍液或1%多抗霉素水剂800倍液或1亿芽孢每克哈茨木霉菌水分散粒剂300倍液施药2～3次，每隔7天左右施一次药，每亩兑水50千克。

（三）褐斑病

1. 危害特征

刺梨褐斑病主要危害叶片，其中老叶受害最重，严重发生可导致大量不正常落叶，导致树势严重削弱，影响树体生长、产量及果实品质。

2. 发生规律

褐斑病病原以在病叶越冬为主，每年5～10月危害刺梨。5月开始初侵染，在7～8月暴发造成大量落叶。

3. 防控技术

（1）农业防治：加强肥水管理，增强植株的抗病力。

（2）药剂防治：①在开花前用30%吡唑醚菌酯悬浮剂5000倍液或25%腈菌唑乳油800倍液或1%多抗霉素水剂800倍液或0.5%几丁聚糖水剂300倍液施药2～3次，每隔7天左右施一次药，每亩兑水50千克。②发病初期喷50%多菌灵可湿性粉剂800倍液或70%代森锰锌可湿性粉剂600倍液施药2～3次，每15天喷1次。

（四）病毒病

1. 危害特征

刺梨病毒病发生后造成感病叶片扭曲畸形，并呈向下卷曲的趋向，叶片组织不平、皱缩、增厚或呈浓淡绿色不均匀分部的斑驳花叶叶片。

2. 发生规律

刺梨病毒病由病毒感染引起，其发生与流行主要与寄生在刺梨上的蚜虫、叶蝉等媒介昆虫的种群数量关系较大。

3. 防控技术

（1）农业防治：清除园中的杂草和改善土壤深层的通透性，为增强土壤的保水、保肥和保温能力提供保障，旱季还要进行树盘覆盖。春夏秋三季在梢抽发前 7 ~ 10 天追施速效肥，通常以氮肥为主，以利于促进抽枝长叶，第二、三年要逐渐追加施肥量。夏秋梢抽发之前，每株追施尿素 0.05 ~ 0.10 千克或清粪水 5 千克。在每季梢叶抽发定形时，叶面喷施磷酸二氢钾或者其他的高效复合肥，以利于促进梢叶成熟。

（2）化学防治。刺梨病毒病以防虫为主，保护异色瓢虫、草蛉、食蚜蝇等捕食性天敌，发生前时喷施 0.5% 藜芦碱溶液 500 倍液，或 50% 抗蚜威可湿性粉剂 1500 倍液或 10% 吡虫啉可湿性粉剂 2000—2500 倍液防治蚜虫；在白粉虱卵孵化盛期喷施 2 ~ 3 次 2.5% 敌杀死乳油 5000 倍液，结合田间悬挂黄板防治白粉虱，可有效阻断刺梨病毒病的传播主要媒介。

（五）烟煤病

1. 危害特征

刺梨烟煤病是由寄生性昆虫蚜虫和白粉虱所分泌的蜜露（粪便）造成，主要在叶片和枝条上形成黑褐色霉点，扩展蔓延后形成黑色烟煤状物，多发生于植株茂密和阴湿地段。

2. 发生规律

刺梨上的烟煤病主要是蚜虫和白粉虱发生造成，在贵州 5～6 月为蚜虫发生期，5 月发生较为严重，6 月以后发生程度降低；白粉虱发生期为 6～7 月。

3. 防控技术

（1）农业防治：新建园区选择交通方便、地势开阔、水源条件好，但不易成涝、土质疏松、前茬作物无发生严重病虫的区域。移栽前进行全方位的病虫害预防处理、苗木消毒等，移栽过程中合理规划行株间距，及时施肥增强树势。成林后合理施肥灌溉，适时修剪，及时清除病虫残枝、病果，做好冬季施肥、清园及病虫预防。

（2）药剂防治。对于此类病害，在开花前用 30% 吡唑醚菌酯悬浮剂 5000 倍液，或 25% 腈菌唑乳油 800 倍液，或 1% 多抗霉素水剂 800 倍液，或 0.5% 几丁聚糖水剂 300 倍液施药 2～3 次，每隔 7 天左右施一次药，每亩兑水 50 千克。

（六）黑斑病

1. 危害特征

黑斑病主要危害刺梨幼嫩的果梗，初期在果枝上形成紫色不规则病斑，后期病斑连成片，形成黑色凹陷病斑，绕果枝一周，表皮干腐状，染病后期轻轻触碰果梗，整个花序全部脱落。

2. 发生规律

黑斑病多在刺梨开花期发病。

3. 防控技术

（1）农业防治：当刺梨苗木成活后，必须及时耕除草和施肥以及灌溉，避免过于干旱影响刺梨开花结果。除此之外，定植穴外缘要不断扩大，结合采取有效的施肥方法来改善土壤条件，为提高刺梨的产量以及品质奠定基础。

（2）化学防治：在开花前用30%吡唑醚菌酯悬浮剂5000倍液，或25%腈菌唑乳油800倍液，或1%多抗霉素水剂800倍液，或0.5%几丁聚糖水剂300倍液施药2～3次，每隔7天左右施一次药，每亩兑水50千克。

（七）顶腐病

1. 危害特征

刺梨顶腐病是在近年来在贵州刺梨种植基地普遍发生的一种新病害，为刺梨果实病害，其致病菌往往从果实与萼片交界处开始侵染刺梨，初期为鲜红色病斑，表面光滑，随后病斑同时沿着交界向果实中部蔓延，顶叶基部也会转红，刺梨表面扩大后的病斑中间逐渐变黑，果肉腐烂，外圈红色，严重时病斑全部覆盖果实中环线以上，呈红黑色，但病斑通常不会越过中环线，其危害特征较明显，易辨识。遭受顶腐病侵害的刺梨果实果肉组织被破坏，且发病后果实易掉落，严重影响其产量和品质。

2. 发生规律

顶腐病从五月中上旬刺梨果实基本成型后便开始侵染，在刺梨园中侵染迅速，发病普遍。

3. 防控技术

（1）农业防治：①科学施肥，宜合理控制氮肥施用，适量增施磷、钾肥，多施有机肥，不应使用含激素的叶面肥。②健身管理，合理密植；及时整形修剪，增强树势，增加通透性；合理疏花、疏果；冬季清园，剪除清理病果，并喷施石硫合剂等制剂封园。

（2）化学防治。在开花前用 10% 苯醚甲环唑水分散粒剂 6000 倍液 1～2 次，每隔 7 天左右施一次药。

二、刺梨虫害绿色防控技术

（一）梨小食心虫

1. 危害特征

卷蛾科的梨小食心虫以蛀食刺梨果实造成严重危害。这些蛀果性害虫的幼虫孵化后，多从果实胴部或萼洼附近蛀入果内，直入果心蛀食或在果内纵横窜食。随着果实逐渐长大，入果孔周围表皮颜色由褐色变为红色、再变为黄色，呈向外辐射变化。早期危害造成果实变形，表面凹凸不平，严重时造成落果，果实近成熟时受害。一般果形不变，果实内部虫道充满虫粪，造成早熟落果。部分被害果实采收时较难发现，在采后一段时间易造成果实变质，不可食用或进一步加工。

2. 发生规律

梨小食心虫幼虫蛀果后先在皮下蛀食果肉，将虫粪排于蛀道内；后蛀入果核，虫粪排于果核内，形成“豆沙馅”果。早期果实被蛀食后常引起落果，中后期被蛀果后则多不能食用。梨小食心虫在贵州刺梨种植区域 1 年发生 3—4 代，越冬代成虫出现在 4 月下旬至 5 月中旬，以老熟幼虫在枝、干、根茎部粗裂皮缝内以及树下落叶、土壤中结茧越冬。梨小食心虫各代发生不整齐，世代重叠严重，自 5～8 月均有发生，以 7 月下旬至 8 月中旬第 3 代幼虫期，危害最重，多雨季节或年份危害加重。

3. 防控技术

（1）农业防治：4 月下旬—7 月中旬，及时剪除受害新梢，集中销毁处理。清除受害果实采收前，应及时摘除受害果实；采收后，应及时清除园内残存果实，集中处理。土壤翻耕，11 月中下旬，结合冬季土壤翻耕、施肥，破坏幼虫越冬场所。

（2）生物防治：①梨小食心虫可采用赤眼蜂、松毛虫赤眼蜂和寄生蝇等寄生天敌进行生物防治。②生物农药，在卵孵化盛期，选择对有益生物杀伤力低的苏云金杆菌、白僵菌等生物农药进行防治。③迷向素干扰交配，根据成虫监测结果，在成虫始见时，在小枝条上悬挂梨小性迷向素 80—100 克 / 亩，干扰梨小食心虫雌雄交配。

（3）化学防治：在 4 月气温开始回升时用 50% 辛硫磷乳油制备毒土撒施、在 5 月羽化始期在树干喷施 20% 杀灭菊酯乳油或 50% 辛硫磷乳油或 2.5% 功夫乳油 2000 倍液。

（二）桃小食心虫

1. 危害特征

蛀果蛾科的桃小食心虫以蛀食刺梨果实造成危害。这些蛀果性害虫的幼虫孵化后，多从果实胴部或萼洼附近蛀入果内，直入果心蛀食或在果内纵横串食。随着果实长大，入果孔周围表皮颜色由褐色变为红色再变为黄色，呈向外辐射变化。早期危害造成果实变形，表面凹凸不平，严重时造成落果；果实近成熟时受害，一般果形不变，果实内部虫道充满虫粪，造成早熟落果。部分被害果实采收时较难发现，在采后一段时间易造成果实变质，不可食用或进一步加工。

2. 发生规律

桃小食心虫以老熟幼虫在距树干周围 1 米范围的土中结茧过冬，在贵州 1 年发生 2 代；越冬幼虫在 5 月上旬至 6 月中旬出土，6 月中旬至 7 月上旬羽化达到高峰，6 月中旬至 7 月上旬第 1 代幼虫蛀果，9 月上、中旬为第 2 代幼虫蛀果盛期。

3. 防控技术

（1）农业防治：应将物理防治与药剂防治相结合。物理防治的最佳时间在 11 月，可结合果实采收后对梨园的修剪和田间管理进行。

（2）生物防治：桃小食心虫可采用章氏小甲腹茧蜂、中国齿腿姬蜂和桃小齿腿姬蜂等寄生性天敌昆虫及苏云金杆菌、白僵菌、绿僵菌、斯氏线虫和小杆属线虫泰山 1 号等病原微生物进行生物防治。

（3）化学防治：使用35%氯虫苯甲酰胺水分散粒剂7000倍液或1.8%阿维菌素乳油4000倍液或5%高效氯氰菊酯2000倍液在幼虫初发期喷雾。

（三）橘小实蝇

1. 危害特征

刺梨上的双翅目害虫主要指实蝇科橘小实蝇，其幼虫危害刺梨果实和叶片，取食果肉和叶肉，为害较重。幼虫一般分为3个龄期，刚孵化幼虫乳白色，后变为淡黄色。低龄幼虫群聚取食，随着龄期增加，食量增大，逐渐向果肉深层分散取食。直到果实腐烂，老熟幼虫才从果实内爬出，以首尾弯成弓形的方式弹跳移动，寻找适宜地点化蛹。

2. 发生规律

橘小实蝇成虫在刺梨园全年活动期长达8个月左右，从3月初开始出现，数量逐渐增多。在刺梨采收后期，即8月下旬，成虫数量达到高峰期。成虫产卵于果皮，繁殖速度极快，世代重叠，各虫态同时并存。

3. 防控技术

（1）农业防治：剪除病虫枝枯枝、衰老枝、过密枝和纤细枝，对病、虫枝进行修剪消除，集中销毁处理，多留健壮的1～2年生枝作为结果母枝。对衰老的刺梨园，应进行树冠的回缩更新修剪，多采用回缩树冠三分之一或二分之一的修剪方法进行衰老树冠的更新，每间隔3年左右更新修剪一次，可以维持刺梨园较高、较稳定的产量；对于严重衰老、产量极低的刺梨园，也可进行隔行台更新，只留 20 厘米高的丛桩，对刺梨园进行深翻，重施基肥，加强肥水管理，选留 6 个左右的强旺新梢培养为结果母枝，第 2 年可以恢复正常产量。

（2）生物防治。橘小实蝇的寄生性天敌有 70 余种，如前裂长管茧蜂、蝇蛹俑小蜂、费氏短背小蜂等。在果实着色期，可以通过引入寄生性天敌昆虫进行防治，每亩释放 10 万～ 15 万头，连续释放两次。捕食性天敌主要为蚂蚁、蠼螋、隐翅虫、螨、蜘蛛、步行虫等；病原微生物主要为真菌、细菌、病原线虫、共生菌等；食虫动物主要为鸡、鸟等。

（3）化学防控。在果实转色期、橘小实蝇产卵盛期前，根据虫情监测结果，若需要应急防治，可选择触杀性胃毒性杀虫剂，在药液中加 2% ～ 5% 的红糖进行喷施，用药时间宜在上午 9 时之前。

（四）蔷薇三节叶蜂

1. 危害特征

刺梨上的膜翅目害虫主要指蔷薇三节叶蜂，蔷薇三节叶蜂的幼虫会取食寄主叶片，发生严重时，叶片被蚕食至仅剩主脉或叶柄；成虫将卵产于嫩枝形成梭形伤口不能愈合，易造成嫩枝风折、枯死，严重影响植株生长和开花。

2. 发生规律

蔷薇三节叶蜂一年繁殖 3—4 代，从 5 月中旬至 10 月中旬末均有幼虫危害，各代幼虫的危害盛期分别为：第一代 5 月下旬至 6 月上旬；第二代 7 月上旬至 7 月中旬；第三代 8 月中旬至 8 月下旬；第四代 9 月下旬至 10 月上旬。

3. 防控技术

（1）农业防治：开展冬季防护，做好刺梨园冬季杂草清除和刺梨抚育，在未发叶前，喷施浓度为 2～3 波美度石硫合剂喷雾，预防各种病害和虫害。开始抽梢时追肥一次，硝态氮铵态氮混合肥 0.2～0.3 千克 / 株。

（2）化学防控：在幼虫盛发期可用 25% 多杀菊酯乳油 4000～8000 倍喷杀，最好在尚未分散的 3 龄期。

（五）月季长管蚜

1. 危害特征

刺梨上的半翅目害虫种类较多，蚜科的月季长管蚜的成虫和若虫均会刺吸刺梨嫩叶、嫩枝的汁液。

2. 发生规律

4 月中旬至 11 月均有发生，以 5 月中下旬和 10 月上旬为其繁殖的高峰期，11 月份以成蚜在叶芽和叶背越冬。

3. 防控技术

（1）农业防治：秋后剪除有虫枝条，及时清除杂草和落叶；保护和利用寄生性的蜂类和捕食性的瓢虫类天敌。

（2）化学药剂：成虫虫口密度较高时，可喷洒 50% 抗蚜威可湿性粉剂 3000 倍液、6% 吡虫啉 3000～4000 倍液、1.8% 阿维菌素乳油 4000 倍液、25% 吡蚜酮可湿性粉剂 4000 倍液、5% 高效氯氰菊酯 2000 倍液等防治。喷药时，对花蕾、嫩梢和叶背都要喷周到，喷时注意安全。

（六）白粉虱

1. 危害特征

白粉虱以成虫和若虫群集在叶背危害，分泌蜜露，诱发烟煤病。

2. 发生规律

1 年内发生 10 ～ 12 代，世代重叠。4 ～ 10 月均可见到白粉虱成虫，6 月最多。虫源主要来自育苗的温室内。

3. 防控技术

（1）农业防治：适当修枝，改善通风透光，可减轻为害。

（2）物理防治。白粉虱成虫对黄色有强烈趋性，因此可在刺梨树旁栽插黄色木板或塑料板，黄色板上涂粘油，振动枝条，使白粉虱成虫飞舞，粘到黄色板上，起到诱杀作用，对控制其为害有一定效果。另外，使用小型吸尘器，成虫期连续吸几次，可以完全控制其危害。

（3）化学防治：白粉虱发生初期用 60% 呋虫胺水分散粒剂 12 克 / 亩或 40% 噻嗪酮悬浮剂 400 毫克 / 升或 50% 噻虫胺水分散粒剂 300 毫克 / 升，亩用水量 50 公斤，能杀死卵、若虫、成虫，当虫量较多时可在药液中加入少量拟除虫菊醋类杀虫剂一般 5 ～ 7 天 1 次，连喷 2 ～ 3 次。

（七）榛卷叶象甲

1. 危害特征

刺梨上的鞘翅目害虫种类也较多，卷叶象甲科的榛卷叶象甲以取食刺梨叶片为害，危害较轻，且多以成虫危害。

2. 发生规律

榛卷叶象甲的越冬成虫于春季刺梨展叶期先将一片叶用足卷折，在其中产卵 1 到 3 粒，此后将临近叶片依次卷曲，每叶产卵 1 粒，最后将 3 至 5 片叶卷成筒状，每片叶的接头处以黏液挂着，幼虫经 6 至 7 天孵化，于卷叶中危害，卷叶逐渐萎蔫脱落。

3. 防控技术

（1）农业防治：合理配置树种，新建刺梨园，应避免与梨、桃、李、樱桃、杏等果树混栽，种植距离应在 300 米以上。

（2）生物防治。信息素诱杀，根据成虫监测结果，在成虫发生初期，按照 1～3 个 / 亩悬挂信息素诱捕器诱杀成虫，诱捕器与刺梨树冠齐平。每 30～45 天更换一次诱芯。

（3）化学防治。在 5 月中下旬成虫羽化期和活动盛期，选择具有内吸、胃毒作用的有机磷制剂 (辛硫磷等) 和具有触杀作用的菊酯类药剂 (高效氯氰菊酯、杀灭菊酯等)1000～2000 溶液进行叶面喷雾。5 月下旬后喷药应采用残效期短的生物农药，可用 1.8% 阿维菌素乳油 2000 倍液，25% 灭幼脲 3 号悬浮剂 1000 倍液，1.2% 苦烟乳油 1000 倍液进行叶面喷雾，均可收到良好的防治效果。

（八）桃举肢蛾

1. 危害特征

举肢蛾科的桃举肢蛾以蛀食刺梨果实造成危害。这些蛀果性害虫的幼虫孵化后，多从果实胴部或萼洼附近蛀入果内，直入果心蛀食或在果内纵横窜食。随着果实长大，入果孔周围表皮颜色由褐色变再红色，再变为黄色，呈向外辐射变化。早期为害造成果实变形，表面凹凸不平；严重时造成落果。果实近成熟时受害，一般果形不变，果实内部虫道充满虫粪，造成早熟落果。部分被害果实采收时较难发现，在采后一段时间易造成果实变质，不可食用或进一步加工。

2. 发生规律

核桃举肢蛾在贵州地区 1 年发生 2 代，以成熟幼虫在树冠下 1～2 厘米的土壤中或树干基部粗皮裂缝内结茧越冬；5 月上、中旬越冬幼虫开始为害，6 月下旬第 2 代幼虫开始为害。

3. 防控技术

（1）农业防治：通过修剪和摘除等措施，去除病枝病叶，带离刺梨园。增加刺梨园通风透光，降低病害发生率。

（2）物理防治。多功能房屋型诱捕器诱杀每亩悬挂 5～6 个诱捕器，诱捕器高于刺梨蓬面 10 厘米。食物源诱剂、性诱剂、粘虫板、清水的使用。灯光诱杀，每 15 亩设置 1 盏太阳能杀虫灯，成虫高峰期间开灯诱杀。

（3）化学防治：在成虫产卵盛期及幼虫初孵期使用 50% 杀螟硫磷乳油或 50% 辛硫磷乳油 1000 倍液或 2.5% 溴氰菊酯乳油或 20% 杀灭菊酯乳油 3000 倍液等将核桃举肢蛾幼虫杀灭在蛀果之前。每隔 10～15 天喷 1 次，共喷 2～3 次。

（九）桃蛀螟

1. 危害特征

螟蛾科的桃蛀螟以蛀食刺梨果实为害较重，这些蛀果性害虫的幼虫孵化后，多从果实胴部或萼洼附近蛀入果内，直入果心蛀食或在果内纵横串食，随着果实长大，入果孔周围表皮颜色由褐色变为红色，再变为黄色，呈向外辐射变化，早期为害造成果实变形，表面凹凸不平，严重时造成落果，果实近成熟时受害，一般果形不变，果实内部虫道充满虫粪，造成早熟落果，部分被害果实采收时较难发现，在采后一段时间易造成果实变质，不可食用或进一步加工。

2. 发生规律

桃蛀螟幼虫蛀果后即取食果肉，粪便排于果实内，并逐渐向外挤出，导致蛀孔外堆满虫粪。幼虫后期引起果实大量脱落。桃蛀螟在贵州地区年发生 3 ~ 4 代，主要以老熟幼虫在被害僵果、树皮裂缝、田边乱石缝隙、落叶、玉米、向日葵花盘和高粱秆中等处越冬，也有少部分以蛹越冬。

3. 防控技术

（1）农业防治：①通过间作、套作等种植模式，在刺梨园及周边种植具有趋避、诱集活性或利于天敌昆虫繁殖、越冬的树、花、草。②在产卵前期和成虫羽化盛期采用苦参碱、阿维菌素等药剂喷雾防治成虫。③在成虫羽化前撒施二嗪磷、辛硫磷等药剂拌成毒土，杀灭越冬出土幼虫。

（2）化学防治：桃蛀螟可采用高效氯氰菊酯、毒死蜱、杀虫单、印楝素、鱼藤酮和苏云金杆菌等农药进行防治。

第三章 刺梨产品加工实用技术

第一节 刺梨原料准备类实用技术

一、果实采收与收购技术

（一）刺梨果实采收期与成熟度

对达到成熟度的果实进行采摘的过程是果树生产中用工较多的一个环节。及时和合理地采收，对果品当年和来年的产量、果品品质以及果品贮藏性能和加工特性都有重要的影响。刺梨果实采收适期的确定主要依据果实的成熟度及用途，刺梨的成熟过程分为以下几个阶段：

1. 成熟期

刺梨成熟期，即生产上所说的可采成熟度时期，即七八成熟。此时果实完成了生长和各种物质积累的过程（大小以及定型），绿色减退，开始呈现出本品种近于成熟的浅黄色泽，糖分增加、酸度逐渐降低。适用于长途运输和罐藏、蜜饯等加工的果实可于此期采收。对于野生刺梨来讲，由于果实采收后必须经过一个后熟的过程才能食用，一般也可于此期进行采收。

2. 完熟期

刺梨完熟期，生产上所说的可食成熟度时期，即七八成熟。此时种子变黄，果梗易和果台脱离，果实表现出该品种固有的色、香、味和外形，果实的化学成分和营养价值达到最佳食用阶段。用于就地销售鲜食，短距离运输和果汁、果酒加工的果实可于此期采收，用于冷库贮藏、窑洞贮藏的果实也常于此期采收。

3. 过熟期

刺梨过熟期，即生理成熟时期。此期果实颜色为深黄或橙黄色，种子充分成熟变成褐色，果肉开始软绵，营养价值大大降低。一般仅用于采种的果实可于此期采收。

刺梨果实成熟度和最适采收期的判定是以呼吸强度、氧化酶活性、维生素 C 及某些主要营养物质等成分生理生化变化为依据，因为刺梨果实内部的物质积累与外部形态的增大、变色等有着一定的相关规律，刺梨果实表面由绿色转化为黄色，或一个果表面大部分变为黄色时，即达到成熟，这时果实的糖分累积最多， 糖酸比值最大，单宁含量减少，维生素 C 含量达到最高值，呼吸强度进入高峰期，氧化酶活性锐减。此时期果实的色、香、味俱佳，营养丰富，品质上乘，所以实际生产中常将果色变化作为判定刺梨果实成熟度的形态学指标，刺梨果实表面由绿色转化为黄色即认为刺梨果实已达到成熟期。但是，刺梨果实成熟度除受到自身生物学特性的影响外，还要受到环境因素变化的影响，贵州省刺梨种植区域由于海拔高度、环境温度等各自不同，其采收适期均不相同。贵州全省刺梨果实的推荐最适采收期分别为，黔南区采收期：8月上旬至8月下旬；黔东区采收期：8月中旬至9月上旬；黔北区及黔西南区采收期：9月中旬至9月下旬；黔中区采收期：9月中旬至10月中旬；黔西北区采收期：10月中旬至11月下旬。

（二）刺梨果实采收方法

为避免果实受伤后腐烂变质，鲜食水果多用手工采摘，采收过程中应防止指甲伤、碰擦伤和压伤等机械伤害。而干果或加工用鲜果多用机械采收。由于贵州刺梨种植地区的地形以丘陵为主，不太适宜大型采摘机械的操作，目前贵州省刺梨的采收仍主要是人工采摘，采收前要准备好采收工具。通常使用的工具有采果篮、采果袋、采果梯、果筐或纸箱等。果篮底及四周用软布及麻袋片缝铺好。盛果的筐篓，底和四周要铺好稻草包或草片等软物，绝不可用光底篮装果。采果人员要剪短指甲或戴帆布手套。摘果的顺序，应是先外后里，由下而上，既要避免碰掉果实，又要防止折断果枝。摘果时用手握住果实底部，拇指和食指提住果柄上部，向上一抬即摘下，摘双果时，要一手握住双果，另一手摘果，要注意保护果柄，不要生拉硬拽。篮筐内装果不宜太满，以免挤压或掉落。因刺梨果肉脆嫩带刺，很容易造成相互碰压刺伤，果肉褐变等伤害，因此，采收过程中应加倍仔细操作，小心轻放，尽量避免擦伤等硬伤，保持果实完好。采收时间以晨露已干、天气晴朗的午前和下午4时以后为宜，这样可以最大限度地减少田间热。下雨、有雾或露水未干时不宜采收。因为鲜果面附有水珠容易在储藏或加工运输期腐烂。若必须在雨天摘果时，需将果实放在通风良好的场所，尽快晾干。为提高优质果率，可根据果实成熟情况进行分期采收。分期采收时，尤其注意不要碰伤或碰掉留在树上的果实。

二、刺梨收购技术

刺梨收购应根据刺梨的用途来区分，如果制作果脯或罐头等保持原有形状的产品，重点以果实大小、新鲜度并结合品质来分级，如果制作果汁或果酒等非保持原有形状的产品，重点以成熟度、新鲜度结合品质来分级。

（一）刺梨成熟度分类

为了方便操作，将刺梨成熟度分为 7 ～ 10 成熟四个级别，见表 3–1

表 3–1　成熟度要求

序号	成熟度	要求	用途
1	七成熟	果实充分发育，果面绿色，味酸、苦、涩，质地硬。	果脯 长期保藏
2	八成熟	果面黄绿色或黄色，有一定香气，味酸、苦、涩、微甜，质地脆。	果脯罐头 短期保藏
3	九成熟	果面黄色或橙黄色，芳香浓郁，味甜酸，略有涩味，质地脆度下降。	果汁 果酒 干果
4	十成熟	果面橙黄色，香气浓郁，味甜酸，微有涩味，质地脆度低。	果汁 果酒

（二）保持原有形状类产品刺梨鲜果等级划分

制作果脯或罐头类等保持原有形状的产品，果实的分级推荐按

表 3–2 进行。

表 3–2　刺梨鲜果等级划分

项目	要求		
	特级	一级	二级
色泽	黄色、橙黄色	黄色、橙黄色	黄色、绿黄色
形状	扁圆、近圆球或纺锤形，无不规则果。	扁圆、近圆球或纺锤形，不规则果≤ 10%。	扁圆、近圆球或纺锤形，不规则果≤ 30%。
成熟度	八、九成熟果实	八、九成熟果实，其他成熟度≤ 10%。	八、九成熟果实，其他成熟度≤ 30%。
大小（厘米）	果实直径≥ 3.5 厘米	果实直径≥ 2.5 厘米，且直径 3 厘米以上的果实≥ 80%	直径在 2.5 厘米，且直径 3 厘米以上的果实≥ 50%
维生素 C/（毫克/100 克）	≥ 1500	≥ 1200	≥ 1000
可溶性固形物 /%	≥ 8%	≥ 8%	＜ 8%
病虫果率（%）	0	≤ 5%	≤ 10%
青幼果（%）	0	≤ 5%	≤ 10%
新鲜度	当天采收的果实，色泽鲜艳有光泽	当天采收的果实，色泽鲜艳有光泽	当天采收的果实，色泽鲜艳有光泽

（三）保持非原有形状类产品鲜果等级划分

保持非原有形状类产品刺梨鲜果是指作为压榨取汁和烘干粉碎类产品的原料，推荐按表 3–2 进行分级。

三、刺梨原料贮备技术

原料的贮备是为了保持其新鲜度，延长加工期限。由于果蔬的成熟期短，产量集中，一时加工不完，需要进行贮备，以待后续加工。

（一）新鲜原料的保存

对用来制作果脯、罐头、干制品、制汁、制酒等的刺梨都需作新鲜原料的保存。保证加工原料的新鲜完整，可分为短期贮存和较长期的贮存。

1. 短期贮存

果实运送到工厂后，当天无法完全加工，应将果实摊散放置在干燥、阴凉、通风完好的地方，摊散高度不超过 10 厘米，此法最多保存 1～2 天。

2. 较长期的贮存

将果实放置在 0～4℃的冷库内，湿度保持在 90%，此法一般只能存放 1～2 月。

（二）半成品保存

半成品保存分两类，一是罐头、果脯类产品半成品保存，二是果汁、果酒类产品半成品保存。此法可以周年保存原料。

1. 罐头、果脯类产品半成品保存

（1）食盐保存：将刺梨果实或果块放置在塑料桶或大池内，用竹席盖上，再用木料压实。配制 20%～25% 的食盐溶液，其中添加 0.5%～1.0% 的柠檬酸。添加食盐溶液直到淹过原料 5～10 厘米即可。

（2）食糖保存：将刺梨果实或果块放置在塑料桶或大池内，用竹席盖上，再用木料压实。配制糖液：用 80% 的蔗糖和 20% 的水添加 0.5%～1.0% 的柠檬酸加热直到溶化。然后将糖液添加到果实或果块中，直到淹过原料 5 ～ 10 厘米即可。

2. 果汁、果酒类产品半成品保存

果汁、果酒类产品半成品保存主要是以原汁的形式保存，其方法有三种：常温保藏、冷藏、冻藏。

（1）常温保藏：就是将刺梨压榨取汁后直接放置在常温下保藏。要求刺梨原汁经过杀菌后无菌袋包装或者按国家标准添加防腐剂。此法虽然可以保存原料，但果汁中维生素 C 等营养成分损失严重，并且颜色褐变严重。

（2）冷藏：就是将刺梨压榨取汁后放置在 0 ～ 4℃低温条件下保藏，要求刺梨原汁经过杀菌后无菌袋包装或者按国家标准添加防腐剂。此法可以较好地保持原料的品质。

（3）冻藏：就是将刺梨压榨取汁后放置在 -18℃以下的低温条件下保藏。此法无须杀菌及添加防腐剂，并且无须无菌袋包装，直接用塑料桶装料即可。此法可以很好地保持原料的品质。

（三）确保刺梨原汁品质技术

1. 刺梨原汁的微生物抑制技术

在刺梨果汁生产阶段，环境当中的较多微生物会进入果汁当中，富含营养物质的刺梨汁也为微生物提供了较好的生长条件，其中细菌、霉菌、酵母菌等微生物繁殖率较高，会对果汁当中含有的营养物质产生较大破坏，引起果汁变质，导致刺梨汁的贮藏时间非常短，降低了刺梨的食用价值。采用热力杀菌抑制刺梨原汁中微生物数量和生长是目前生产上最常用的方式。

丁筑红等采用不同的热处理条件处理刺梨果汁的杀菌效果，根据各营养指标的 Z —分综合评价对菌落总数、维生素 C、黄酮含量、超氧化物歧化酶（SOD）活性和褐变度进行综合评分，根据评分结果确定 71℃杀菌 10 分钟作为刺梨果汁最佳巴氏杀菌条件。胡萍等人以鲜榨刺梨汁为原料，研究对比了超高温瞬时灭菌（UHT）后与未灭菌的刺梨汁在 4 ℃和常温避光条件下 4 组样品贮藏的品质变化，UHT 处理的刺梨汁在 8 周的贮藏期间，维生素 C 与 SOD 活性的保存率显著高于未灭菌的刺梨汁（$P < 0.05$）；经过 UHT 处理的刺梨汁菌落总数为零且大肠杆菌未生长；经 UHT 处理的刺梨汁可溶性固形物几乎无变化；UHT 处理对刺梨汁中单宁、总酸没有影响，能有效保留刺梨汁中营养与生物活性物质，延长产品货架期。

2. 刺梨果汁的防褐变技术

刺梨果汁加工存储中，受到内部因素与外部条件限制，容易产生褐变问题，致使果汁不能始终保持澄清透明。对其风味以及营养成分产生较大影响，目前要综合防控刺梨果汁的褐变现象。导致刺梨果汁产生褐变的影响因素较多，一是刺梨果汁中含有的氨基化合物、碳基化合物相互作用之后将会产生美拉德反应，容易生成黑色素。二是刺梨果汁中含有相应的丹宁，会产生特殊多酚化合物，分子量在 500 ~ 3000，其是活泼分子在缩合作用下产生的，所以其化学性质较为活泼，能与三价铁离子发生反应，产生蓝黑色沉淀。三是刺梨果汁中的酚类物质在多酚氧化酶以及过氧化酶催化作用下被氧化，通过复杂的化学反应产生黑色物质，导致果汁产生褐变现象。四是刺梨果汁中含有较多维生素 C，其物理以及化学性质稳定性较差，容易被氧化，在多个反应阶段发生褐变，导致刺梨果汁出现褐变问题。

防治褐变。单宁在氧气充足的情况下会发生氧化反应，氧对维生素 C 的分解以及美拉德反应有着直接影响，所以要适度降低氧气含量。可以选取明胶对刺梨果汁采取针对性处理，应用量为 150～200 毫克 / 升，之后在澄清汁液中添加 0.4% 的氯化钙溶液，其中单宁与钙离子结合之后能产生沉淀，然后进行过滤。液体溶解度与气体压面分压呈正比，可以将澄清刺梨果汁转入真空脱气罐进行合理抽气，降低液面压力。在刺梨果汁中添加适量的二氧化硫，控制褐变。二氧化硫与水结合之后能产生硫酸基，较大地限制美拉德反应的有效进行。利用植酸作为抗氧化剂添加于刺梨果汁中，有利于果汁中维生素 C 的保存，减轻果汁的褐变程度。利用葡萄糖氧化酶对刺梨果汁在加工贮藏过程中主要褐变因素的影响，可在刺梨原汁中加入葡萄糖氧化酶抑制刺梨果汁氧化反应。最佳工艺条件为葡萄糖氧化酶添加量 28 单位 / 升、作用时间 38 分钟、作用温度为 37℃，显著消耗刺梨果汁中溶解氧，抑制刺梨果汁氧化反应。此外，葡萄糖氧化酶处理可有效保存维生素 C 和氨基态氮含量，减缓褐变中间产物 5- 羟甲基糠醛的产生，降低褐变指数的增长速率。

第二节 刺梨罐头饮料类产品加工技术

一、刺梨水果罐头加工技术

水果罐头是以新鲜水果为主要原料，经过加工处理、罐装、排气、密封、加热杀菌、冷却等工序，达到商业无菌，从而延长食品保质期的一种罐类保鲜食品。水果罐头的加工和消费在全球分布很广，作为传统方便食品一直受到广泛欢迎。同时，水果罐头也是各类食品加工的重要配料。水果罐头具有新鲜水果无法比拟的特点，如罐头加工采用新鲜水果原料，通常果实采摘后 24 小时内送达工厂加工，及时加工保证罐头产品的新鲜度。其次，生产企业普遍建有原料基地，对加工原料制定有严格收购质量标准。因此，果树栽培管理和农药使用必须有严格使用规范，原料按收购标准要求，安全和质量有可靠保证。目前，加工企业积极推行食品安全可追溯制度，使原料和产品得到有效监督管理。第三，水果罐头加工在水果产季完成，及时严格按照罐头食品技术规程加工，营养品质、风味品质得以最大限度地保存，一方面保障了市场周年供应，提供营养美味的罐头产品，同时也为其他各类食品提供充足和品质优良的各类水果半成品原料。

刺梨的营养价值很高，含有丰富的维生素 C、多酚、多糖、有机酸、黄酮、β－谷甾醇等物质，其中含维生素 C 可达 2000 毫克 / 千克以上，正因为刺梨有各种各样的营养成分，关于其食品产品的开发关注度逐年提高，但刺梨原料鲜果口味酸涩，果肉组织较为粗糙，直接鲜食口感较差，通过适合的加工方式改善其风味，从而适合大众口味，是刺梨资源两用的主要途径。目前刺梨食品开发主要涵盖了系列罐头饮料类、发酵食品类、糖制食品类、糕点食品类、干制食品类以及各类营养健康食品，初步形成了加工种类较为齐全、产品品种丰富的产业态势。作为传统的加工保藏食品，刺梨水果罐头食品是刺梨加工产品的重要加工方向，可开发由刺梨一种原料加工处理制成的单一型水果罐头，一般以刺梨鲜果、饮用水为主要原料，鲜果经加工清洗、分选、去刺、去萼片、去籽、分切，以白砂糖、食用盐、柠檬酸、食用香精等为辅料，经装罐、密封、杀菌、冷却等工艺加工而成的刺梨系列产品刺梨水果罐头；也可以刺梨等两种或两种以上水果原料加工处理制成的混合型刺梨水果罐头。

（一）技术路线

刺梨水果罐头加工遵循如下技术路线：刺梨果实→挑选分级→清洗去刺→果块整型→去籽→（保脆处理）→漂洗→装罐加注罐液→密封→杀菌→检验→成品。

（二）技术要点

1. 选果

刺梨罐头对原料的要求较高，加工前应按要求严格进行选果。罐藏用刺梨要求果形好，大小均匀，粗纤维少，无虫眼、霉烂、黑褐色斑点和严重机械伤、接近完熟的鲜果，原料采摘后迅速加工。

2. 去刺

刺梨果外表带刺，加工罐头时要将刺去掉，可通过滚筒式清洗机通过摩擦冲洗，完成清洗同时将果实表面肉刺、萼片清理干净。

3. 去籽、修整

将刺梨果实果顶及果柄处各切下一薄片果肉，用圆筒状不锈钢去芯器去掉果芯，再用不锈钢去籽器去掉果实内部的籽及软毛。可根据正兴过或块状果等不同形态要求设计原料预处理方法。

4. 清洗

用清水洗去污物、杂质及余刺。

5. 装罐、加罐液

清洗后的果肉按固形物及净重要求设计罐装和灌注糖汁，使产品内容物固形物含量≥ 50%，可溶性固形物≥ 10%，根据消费需求将罐液浓度在 10% ～ 35% 范围进行调整，罐液总酸可根据风味需要进行调整，立即装罐密封。

6. 杀菌冷却

可采用 5 ～ 10 分钟 /100℃热杀菌，冷水分段冷却。

7. 产品标准

生产符合 GB 8950–2016 罐头食品生产卫生规范，GB/T 20938–2007 罐头食品企业良好操作规范；产品应符合 GB 7098–2015 罐头食品、GB 2762–2017 食品中污染物限量规定（铅≤ 1.0 毫克 / 千克）、GB 2761–2017 食品中真菌毒素限量（展青霉素≤ 50 微克 / 千克）；添加剂符合 GB 2760–2014 食品添加剂使用标准；加工原料符合 GB 2763–2019 食品中农药最大残留限量规定。产品微生物指标符合商业无菌要求（GB 4789.26-2013 规定方法检验）。

（三）加工实例

1. 刺梨罐头加工方法一

参考现有技术报道，挑选果形好、果大、肉质饱满、颜色鲜的刺梨鲜果。刺梨罐头工艺流程为：刺梨果选果除杂→清洗去刺→去籽→配糖液→装罐密封→高温杀菌→刺梨罐头。清洗刺梨时用洁净清水浸泡鲜果 10~30 分钟，然后用清水冲洗，去刺和核后清水漂洗浮渣，滤干水分，灌装，浓度 35% 的糖液灌注，如净重 315 克罐头（果 200 克，糖水 115 克），在糖液温度大于 80℃时装罐，装罐后，放入锅中加热排气至罐中心温度到 80℃以上，立即封罐。封罐后放入锅中水浴蒸气杀菌 20 ~ 30 分钟，然后取出迅速冷却即得到成品。

2. 刺梨罐头加工方法二

选取成熟的刺梨，将其清洗干净，剔除虫蚀果、变色果；进行去刺去籽处理，切成块备用。罐头内容物配方参考：纯净水 200 ~ 250 份，加入白砂糖 20 ~ 30 份、柠檬酸 2 ~ 5 份、维生素 C3 ~ 5 份、蜂蜜 10 ~ 20 份、木糖醇 3 ~ 7 份，搅拌至配料融化混合均匀。与刺梨 200 ~ 300 份混匀，后进行装罐排气密封，对其进行巴氏杀菌后冷却即得到成品。

3. 刺梨罐头加工方法三

通过将刺梨与风味品质优越的天然食用资源或药食两用食材进行科学组合，可优化和丰富刺梨水果罐头品质，如可将刺梨洗净后，从中间切成两半，脱刺去籽，清水清洗，捞出滤干；取蜂蜜 5 ~ 15 份，桂花 1 ~ 5 份，蔗糖 5 ~ 10 份，柠檬酸 0.5 ~ 1 份，加入清水煮沸得到热糖浆。将刺梨果块装入罐头，加入热糖浆，升温排气，密封杀菌，冷却。由于加入了桂花，使刺梨气味芬芳，酸甜可口，且桂花较为温和，并含有多种营养物质，便于产品保存。

4. 刺梨复合罐头加工方法

根据相关规范性文献说明，刺梨复合罐头可参见混合水果罐头食品相关标准，即可以不少于两种新鲜、速冻或罐装水果味原料，经预处理、装罐、加汤汁、密封、杀菌冷却而制成混合水果罐藏食品。其分为含两种不同品种水果的双色水果罐头，以及含有不少于三种水果品种的什锦水果罐头。产品一般要求其固形物含量不低于 50%，可溶性固形物含量 7% ~ 25%。

如有文献报道一种高营养成分的罐头制品，其所提供的技术方案主要为以荔枝、刺梨作为原料。挑选好原料后，去皮、去核。果块成型后，漂洗、杀青。将成型好的果实用软化水进行漂洗。漂洗前，需要用 0.03% 的焦亚硫酸钠溶液浸泡 10 分钟，以达到抗变护色的作用，这样制出的果实肉质细腻，色泽清。杀青水中添加适量的精盐和柠檬酸预煮 1 ~ 3 分钟，使原料果实进一步软化。按食品添加剂使用标准适量添加必要的食品添加剂。成品刺梨复合罐头色黄偏红，味道香甜，富含多种维生素，体现不同原料的组合风味及营养，提供给消费者更多样化的味觉享受。

（四）质量安全控制

1. 合理规范使用食品添加剂

果蔬罐头能够长期保存而不变质，完全得益于密封的容器和严格的杀菌，与添加防腐剂没有关系。在生产罐头产品时，严格按正常的工艺与技术规范生产，同时通过科学合理的高温杀菌处理，就无须使用防腐剂。根据 GB 2760–2014 的规定，果蔬罐头中允许添加的食品添加剂有十余种，不允许使用防腐剂，水果罐头允许限量加入安赛蜜、甜蜜素等；所有罐头都不得加入糖精钠。罐头食品中甜味剂超标的原因，有的是由于企业未控制好甜味剂添加量；有的单批添加总量虽未超标，但由于混合过程不匀造成局部产品超标；有的则是使用了违规的添加剂。故企业在生产时添加食品添加剂应该严格按照国家标准，依法添加规范生产。

2. 重金属超标

引起果蔬罐头重金属超标的原因主要有两个方面，一是原料辅料本身的残留，二是罐壁的腐蚀。引起罐壁腐蚀的主要因素有氧气、酸、硫及含硫化合物、环境相对湿度。主要措施有：一方面加强原料收购质量管理，严格落实原料收购，加强采前种植栽培管理措施的科学有效的跟踪管理；同时，对种植地区生态地理条件进行规划和关注，对果树生长环境土壤、水源等进行科学有效的技术防控。原料采集后，对含空气较多的果实，最好采取抽空处理，尽量减少原料组织中氧气的含量，进而降低罐内氧的浓度；加热排气要充分，适当提高罐内真空度。由于水果罐头酸度高，极易破坏金属罐的内层涂料，造成锡的溶出，因此按标准要求严格控制果蔬罐头食品的 pH 值，此外通过采用性质稳定安全的食用内包装材料，避免加工过程中接触材料的异物溶出。

3. 胀罐

罐头食品胀罐胀气问题，也是产品质量特别是货架期质量败坏的重要现象之一，从罐头的外形看，可分为软胀和硬胀，软胀包括物理性胀罐及初期的氢胀或初期的微生物胀罐。硬胀主要是微生物胀罐，也包括严重的氢胀罐。物理性胀罐主要防止应严格控制装罐量，切勿过多。注意装罐时，罐头的顶隙要适宜，要控制在 3 ~ 8 毫米；提高排气时罐内的中心温度，排气要充分，封罐后能形成较高的真空度；加压杀菌后的罐头消压速度不能太快，罐内外的压力较平衡，切勿悬殊过大；控制罐头制品适宜的贮藏温度 0 ~ 10℃。化学性胀罐，又名氢胀罐，主要应防止金属空罐内壁受机械损伤，以防出现露铁现象；空罐宜采用涂层完好的抗酸全涂料钢板制罐，以提高对酸的抗腐蚀性能。

刺梨罐头质量安全问题主要出在加工和贮藏过程中，由于原料自身携带、加工人员和设备等带入的微生物造成的刺梨罐头污染腐败，控制方法是一方面减少或避免感染微生物，另一方面采用巴氏、微波等手段对刺梨罐头进行杀菌，制定合理的杀菌工艺参数；刺梨罐头在贮藏过程中要注意防止罐头漏气、控制温度湿度以及远离微生物污染。同时，通过低温连续杀菌工艺，刺梨罐头能在控制后期微生物败坏同时，最大程度上保存其维生素 C，并且果实甜脆爽口。

4. 变色

果蔬罐头因原料所含化学营养成分丰富性质活跃以及加工贮藏条件的影响，产品容易发生褐变或褪色现象，影响了产品的商品品质。一般发生变色的主要原因，一方面来源于原料中天然色素在加工贮藏环境下的变化如类胡萝卜素、花青素、叶绿素等，另一方面来源于加工贮藏过程中的褐变反应，如酶促反应与非酶促反应。由于不同原料导致变色的主要途径不同，可针对性采取相应的技术措施，如控制加工贮藏温度、产品 PH 值，合理使用食品添加剂如抗氧化剂、着色剂、稳定剂等，控制贮藏加工中原料与氧气、光照的接触，从原料到产品销售全生产链各个环节进行综合技术联合管控，精准施策，方可有效控制产品品质的不良变化。

二、刺梨饮料类加工技术

根据 GB/T 31121-2014 果蔬汁类及其饮料标准中的分类定义，果蔬汁类及其饮料刺梨饮料包含果蔬汁（浆）、浓缩果蔬汁（浆）以及果蔬汁（浆）类饮料。刺梨饮料的加工及产品开发可覆盖标准所定义的三大类型十多类产品品种，因此，对刺梨饮料的开发尚可有更丰富的产品设计，满足市场对饮料消费的多元化需求。目前，刺梨饮料产品是刺梨产品市场的主要品种类型，但与其他水果开发情况相比，市场上相对成熟稳定的刺梨饮料产品相对较少，产品市场空间广阔，还有待深入挖掘。

（一）刺梨原液（原汁、原浆）加工技术

近年来，随着人们健康意识的不断加强，国内外市场对保健食品和饮料需求量不断增加，刺梨富含维生素 C、胡萝卜素、B 族维生素等多种维生素以及 SOD、生物类黄酮等活性物质，因此刺梨纯果汁具有极高的保健价值，是很好的健康果汁饮品。

刺梨原汁生产基本工艺流程：原料处理→破碎→榨汁→（调配调味）→（澄清或均质处理）→杀菌装罐→冷却→成品。刺梨原果汁是单一原料的刺梨果汁类产品，由于刺梨原料自身品质特性，其原汁苦涩口感较重，单一果汁需通过风味调整改善其不适口感，同时也积极采用与多种原料复配的复合果汁产品，使产品风味及功能价值得到优化提升。

（二）刺梨单一果汁饮料加工技术

刺梨果汁饮料为刺梨传统加工产品，因原果汁含量比例、辅料配方不同，产品风味及品质存在较大差异。传统刺梨单一果汁饮料，通过刺梨鲜果选果、清洗、破碎、榨汁、配方、过滤、杀菌、灌装、密封、冷却等工艺加工而成，配方单一，突出了刺梨天然本真风味品质，其中刺梨原汁含量可达 10%～30%。对于澄清型刺梨果汁饮料一般需经过澄清、过滤工艺再进行杀菌灌装，对于混浊型刺梨果汁饮料一般经过添加稳定剂同时经过均质、脱气后杀菌灌装。目前刺梨果汁饮料加工技术和产品较为成熟，随着国内外饮料市场产品不断推陈出新，消费需求不断变化，刺梨果汁饮料类产品也在不断创新发展，在突出自身优势的同时进一步丰富和完善其品质，如为进一步适应食品“低糖、低盐、低脂”健康需求，饮料生产中采用功能性甜味剂替代或部分替代传统食糖，或复合天然营养健康食品原料丰富产品风味及健康品质，也成为刺梨饮料食品的市场重要需求。

刺梨饮料产品加工生产应符合 GB 12695-2016 饮料生产卫生规范，产品符合 GB 7101-2015 饮料标准相关要求。

（三）刺梨复合果汁饮料加工技术

随着对刺梨资源的不断深入开发利用，多样化的刺梨饮料产品品种不断涌现，丰富市场品种，满足了消费者多元化需求，也有效带动了相关资源的开发利用，具有良好的发展前景，也为刺梨产业发展和产品市场提供了更多商机。

1. 刺梨芦荟复合饮料

选择肥大无病斑和伤疤的芦荟食用品种叶片，清洗并去除鲜叶中腐烂变黄部分，切成2—3毫米小片、加热打浆、过滤弃渣，得到浅绿色的略带黏性的液体。配方芦荟汁：刺梨汁为3 ：2，以混合果汁含量为20%，白砂糖为12%，柠檬酸为0.15%，稳定剂黄原胶为0.06%，羧甲基纤维素钠为0.08%。调配后均质脱气，杀菌灌装冷却。该刺梨芦荟饮料酸甜适宜，清爽顺滑，口感醇和，很好地体现了二者的风味口感，是一款风味和营养兼顾的刺梨复合饮料产品。

2. 刺梨菊花复合果汁饮料

采用刺梨、菊花、草莓等原料制成混浊型天然复合饮料，该技术利用了刺梨的营养成分、菊花的芳香、草莓的色泽，使产品具有营养丰富、芳香浓郁、色泽美观、风味独特等特点。配料是刺梨汁10%、菊花浸提汁2%、蔗糖6%、柠檬酸0.1%、草莓汁5%，稳定剂适量。其中菊花经清洗后第一次加10倍沸水浸提30分钟，取汁后再加10倍沸水浸提15分钟，取汁，过滤合并一、二道汁，为浸提汁备用。配制的菊花草莓刺梨复合混浊果汁饮料具有浓郁的刺梨、菊花、草莓的复合香味，丰富和提升了产品营养价值和风味品质。

3. 刺梨果奶

通过刺梨水果原料和富含蛋白的原料进行组合开发出的产品，如刺梨果奶，形成营养及风味品质鲜明的复合饮料产品。刺梨果奶生产工艺流程：原料处理→压榨→添加乳粉等蛋白粉→调味→均质→脱气→灌装→杀菌→冷却→成品。加工操作中以刺梨果汁为主要原料，配方可参考以刺梨汁 25%、白砂糖 8%、脱脂乳粉 4%、柠檬酸 0.4%，加入阿拉伯胶 0.13%、羧甲基纤维素钠 0.10%、黄原胶 0.10% 和海藻酸钠 0.07% 等复合稳定剂，在 25 兆帕的压力下进行均质。经过 90℃下 20 分钟的杀菌处理，制得风味突出、酸甜可口、稳定性好的刺梨果奶，产品较好地突出了刺梨的特殊香气滋味，奶香果味协调浓郁。

4. 刺梨双蛋白奶茶饮料

有研究报道了刺梨双蛋白奶茶饮料工艺，“双蛋白”指牛奶蛋白与大豆蛋白的结合，其可应用于各种乳制品中。豆渣中含有丰富的蛋白质、膳食纤维和各种微量元素等。豆浆工艺制备中，豆渣的过滤是工艺制备的重要步骤，不仅使大豆资源浪费，还降低利用率。为改善奶茶产品品质，提高大豆利用率，平衡营养，将全豆浆作为生产双蛋白的原料进行研究具有现实意义。其以刺梨、牛乳、豆乳和茶叶为主要原料，旨在开发一种新型复合刺梨奶茶饮料。根据色泽、气味滋味和组织状态等感官指标，对刺梨奶茶饮料进行配方优化确定了最佳配方为：白砂糖 2%，刺梨汁 7.5%，双蛋白 15%，牛乳 50%，豆乳 25%，产品还原糖含量为 0.175%，粗蛋白含量为 2.3%，粗脂肪含量为 0.58%。饮料有刺梨果味，无异味，色泽鲜亮。该技术以刺梨、牛乳、豆乳和茶叶为原料，避免全大豆双蛋白对产品口感过度影响，工艺制备中加入全大豆蛋白的调配过程，开发一种具有刺梨的特殊香味同时又具有营养价值与药用价值的低糖低脂奶茶，探索制备刺梨奶茶的配方，为复合奶茶饮料的开发提供了有益的思路参考。

5. 苹果 - 刺梨混合果汁饮料

采用资源丰富、气味芳香的精品红富士苹果为原料，加入有“三王水果”之称的刺梨，以苹果果浆与刺梨果汁（两者配比为 3～4 ∶ 1）的混合果汁添加含量 20%，甜味剂含量 12%，酸味剂含量 0.15% 时，稳定剂最佳配比为：果胶 0.05%，羧甲基纤维素钠 0.05%，黄原胶 0.15%。在均质压力为 25 兆帕，在均质温度为 60℃的条件下进行 1 次均质，90℃水浴中杀菌 10 分钟，得到的苹果 - 刺梨混合汁饮料产品具有良好的苹果和刺梨的独特风味，质地均匀，口感爽滑，呈现柔和的橙黄色。

6. 蓝莓刺梨复合饮料

蓝莓是杜鹃花科越橘属植物，营养成分较高。每 100 克蓝莓鲜果中花青素含量高达 150 毫克以上，维生素 A 含量高达 81～100 国际单位，维生素 E 含量 2.7～9.5 微克。其主要功能性成分是花青素，医学临床报告显示，花青素可直接加速视网膜、视紫质的合成与再生，有益于预防近视，增进视力。蓝莓果汁 20%～25%，刺梨果汁 20%～25%，果葡糖浆 10%～12%，酸味调节剂 0.15%～0.25%，以水补足 100%。产品可溶性固形物＞9.5/%，总酸（以柠檬酸计）0.4%～0.5%，维生素800—1000毫克/千克，芦丁300—500毫克/千克，维生素A3—5微克/千克，花色苷100—120毫克/千克。该饮料的营养成分较为全面，蓝莓中维生素A、维生素E、花青素等营养成分，加上刺梨中高浓度维生素C、芦丁，使该复合果汁成为一种高效天然复合维生素营养饮品。产品具有紫红色澄清透亮的外观，刺梨与蓝莓协调的复合香味与口味。

7. 蓝莓和刺梨果渣营养口服液

目前在国内市场上，蓝莓和刺梨的深加工产品主要为饮料、果浆、果酱和果脯等，缺少口服液产品。口服液有吸收快，显效迅速，服用量较少，便于携带、保存和服用，口感好等特点。也有利用生产饮料过程中产生的废弃物——蓝莓渣及刺梨渣为原料研制蓝莓-刺梨复合口服液，不仅丰富了蓝莓和刺梨深加工产品的种类，还可提高蓝莓、刺梨鲜果资源的综合利用，使蓝莓中花色苷和刺梨中多糖的药用价值得到了充分利用。该工艺流程：①蓝莓渣→破碎→浸提→第一次浓缩→沉淀→第二次浓缩→蓝莓浓缩液。②刺梨渣→破碎→浸提→离心分离→浓缩→沉淀→干燥→刺梨果渣浸提物。①+②+阿斯巴甜+香精→调配→混合→杀菌灌装→成品。蓝莓渣破碎至粒度0.1厘米左右，按料液比1：10的95%乙醇在40℃下提取两次，合并两次浸提的滤液，滤液在-0.05～-0.08兆帕、45℃～50℃条件下浓缩，回收溶剂。按体积比为1：10的比例向上述浓缩提取物中加入纯净水，静置抽滤。滤液在二次浓缩至黏稠状，即得蓝莓浓缩液（含水量为15%）。刺梨渣破碎至粒度在0.1厘米左右，按料液比1：15加入纯净水提取两次，每次1小时，离心分离，清液过滤，-0.05～-0.08兆帕、45℃～50℃条件下浓缩至原体积的1/4得刺梨果渣提取液。将蓝莓浓缩液15%，刺梨果渣提取物20%，阿斯巴甜3%，香精适量。以此配方得到的蓝莓、刺梨复合口服液澄清透明，呈现紫红色，有清香浓郁的蓝莓、刺梨风味，酸爽可口。

8. 芦笋刺梨蜂蜜饮料

利用芦笋汁、刺梨汁、蜂蜜三种营养丰富的原料，有研究探讨加工一种芦笋刺梨蜂蜜果蔬饮料。主要技术流程为：芦笋→精选→清洗→预煮→蒸煮→破碎→压榨取汁→离心待用。对芦笋的处理，先剔除芦笋杂物、烂笋和老笋，洗净芦笋表面的微生物及泥沙，放在不锈钢夹层锅里，在 91℃～95℃温度下预煮 3～5 分钟。用破碎压榨机取汁，经过粗滤、无菌水二次浸提，合并滤液，离心机分离，澄清待用。刺梨果→选果→洗净→修整→沥干→破碎→压榨取汁→澄清待用。将芦笋汁、刺梨汁、蜂蜜汁三种液汁按相同比例混合后，加糖加配料再加入适量柠檬酸调整汁液的 pH，脱气均质，杀菌，灌装包装。饮料液体外观呈浅琥珀色，半透明的汁液无沉淀。风味具有新鲜芦笋、刺梨、蜂蜜混合后所特有的风味和气味，口感舒适，酸甜可口，无异味。

（四）刺梨汽水加工技术

刺梨汽水属于碳酸饮料类加工类别，应遵循相关法律法规的规范要求。碳酸饮料，也称汽水，是指在一定条件下充入二氧化碳气的饮料，不包括由发酵法自身产生的二氧化碳气体的饮料，其中二氧化碳气容量（20℃）应不低于 1.5 倍。碳酸饮料配方通常由水、甜味剂、酸味剂、香精香料、色素、二氧化碳气及其他原辅料组成。碳酸饮料根据配方构成大致分为：①果汁型碳酸饮料：含有一定量果汁的碳酸饮料，如橘汁汽水、橙汁汽水、菠萝汁汽水或混合果汁汽水。其果汁含量要求不低于2.5%。②果味型碳酸饮料：以果味香精为主要香气成分，含有少量果汁或不含果汁的碳酸饮料，如橘子味汽水、柠檬味汽水。③可乐型碳酸饮料：以可乐香精或类似可乐果香型的香精为主要香气成分的碳酸饮料。④其他型碳酸饮料，是上述三类以外的碳酸饮料，如苏打水、盐汽水、姜汁汽水、沙士汽水。其中，果汁型碳酸饮料与果味型、可乐型及其他型嗜好型碳酸饮料相比，其果汁含量不低于2.5%，产品内在质量符合现代健康食品消费理念，越来越受到市场理性消费群体的关注和青睐，也是目前刺梨碳酸饮料产品设计的主要类型。产品品质应符合GB/T 10792-2008碳酸饮料（汽水）标准要求。

目前，碳酸饮料生产大多采用两种方法，即一次灌装法和二次灌装法。一次灌装法（预调式）是将调味糖浆（或果汁糖浆）与水预先按一定比例泵入汽水混合机内，进行定量混合后再冷却，然后将该混合物碳酸化后再装入灌装容器，这种将饮料预先调配并碳酸化后进行灌装的方式即为一次灌装法，又称预调式灌装法、成品灌装法或前混合法。一次灌装含气量易于控制，不易产生泡沫喷涌，调和机价格低，（果汁）糖浆与水比例易于准确控制；即使容器改变也不需要改变配比，产品质量均一，但不宜灌装含有果肉汽水，否则易堵塞混合机喷嘴影响生产，需二级配料罐，并且如果一次不能用完容易造成变质困难。一次灌装法是目前规模化生产的常用方法，自动化程度较高，产品含气量较高且均匀稳定性好。

二次灌装法（现调式）是碳酸饮料最初的制造方法。该方法主要为先将调味糖浆（或果汁糖浆）定量注入灌装容器中，然后加入碳酸水至规定量，密封后再混合均匀。这种糖浆和水先后各自灌装的方法又称现调式灌装法、预加糖浆法或后混合法。二次灌装加料机结构简单。灌装时，糖浆与水各成系统，便于分别清洗，分别控制微生物；灌装时灌装机漏液仅损失水而不损失糖浆，含果肉果汁饮料也可顺利灌装。但该法碳酸水与糖浆温度不一致，易产生大量泡沫涌出，降低含气量，同时影响操作；仅在水中含有气体，糖浆中不含有气体。因此，要求水中含气量远高于成品要求的含气量；灌装容器改变后必须调整加料量，因为容器规格不一时，产品质量不均匀稳定；要求加入的糖浆量一定，太少时则浓度太高不利于设备工作，太多时加水量过低含气量易不足。

1. 刺梨汽水配方工艺一

在制作刺梨汽水时，压榨刺梨果汁的同时加入 10% 的异抗坏血酸钠溶液以可减少维生素 C 的损失，防止果汁褐变，并通过瞬时杀菌处理刺梨汁，澄清以及除去单宁类物质，然后可参考采用刺梨果汁 18%、葡萄糖 3%、果葡糖浆 6%、甜蜜素 0.2%、柠檬酸 0.04%、苹果酸 0.12%、柠檬酸三钠 0.07%、异抗坏血酸钠 0.01%、苯甲酸钠 0.01% 的配方加工生产刺梨碳酸饮料。该技术方法能较好地体现刺梨的风味，清凉爽口，给人以较强的感官刺激。

2. 刺梨汽水配方工艺二

将压榨获得的刺梨果汁加热到 75℃，经过 15 分钟杀菌处理。

冷却后，加入 0.1% 的苯甲酸钠后放入冷库中存放一周以上，使粗纤维、果肉等悬浮颗粒完全沉淀，再进行过滤得到较为稳定透明的刺梨原汁；然后按 100 份汽水加刺梨原汁 5 份、柠檬酸 0.1 份、白糖 10 份、苯甲酸钠 0.01 份、味精 0.06 份及适量香精，混合后的原果汁按汽水的基本生产工艺进行充气即可制得色泽、风味、品质优良的刺梨汁汽水。

3. 刺梨汽水配方工艺三

利用转化糖进行简单调配加工的刺梨汽水饮料，该饮料原料包括刺梨干 1～2 份，水 4～6 份，蔗糖 4～8 份，一水柠檬酸 0.8～2 份，碳酸氢钠 1～3 份，其生产过程包括：刺梨干挑选与润洗、刺梨干糖渍、加热灭菌、调配碳酸氢钠、罐装保藏。本技术采用刺梨干作为原料，饮料的生产不受鲜果期限制，可全年持续生产。产品口味爽甜可口、营养丰富，且生产方法简单，生产成本低，具有良好的品质特色。

4. 刺梨汽水配方工艺四

技术人员研究了一种用刺梨原汁、绞股蓝总甙、富硒矿泉水、苯甲酸钠、CO_2 组成的刺梨汽水加工配方，加工制作的绞股蓝总甙富硒刺梨汽水保健饮品。该饮品含有绞股蓝总甙、刺梨汁原料营养活性组分和较丰富的硒元素，具有较为丰富的人体需要的营养成分，有较强的保健功能。

（五）刺梨健康饮品加工技术

2021 年国家公众营养改善项目办公室、中国大健康产业联盟发布的《贵州刺梨功效研究（2021 版）》报告中指出，刺梨主要功能活性表现在抗氧化与抗衰老、免疫调节、糖脂代谢调节、微量元素调节、抗炎作用、改善睡眠、抗疲劳、解毒排毒、脏器保护、抗突变与抗癌等作用，因此，作为普通食品原料，刺梨产品健康功能活性已得到认可，并逐步得到越来越多消费者的关注和认可。将刺梨加工的不同种类产品，可充分体现原料自身营养活性，直接为消费者提供理想的、具有良好健康作用的各类刺梨健康产品。刺梨健康饮品是基于健康理念对传统刺梨果汁的发展和延伸。目前，市场上的刺梨功能性饮品，除了主流的刺梨口服液，大多与药食同源食品原料资源进行复配加工，优势互补，形成功能明确、特征突出的各类营养健康或功能保健产品格局，积极满足现代食品市场对食品健康要素的需求。

三、刺梨酸奶加工

酸奶是以生牛（羊）乳或乳粉为原料，经杀菌、接种嗜热链球菌和保加利亚乳杆菌（德氏乳杆菌保加利亚亚种）发酵制成的产品。

刺梨酸奶是以牛（羊）乳或乳粉、刺梨汁（粒/酱）为原料，经杀菌发酵制成的酸奶制品。

酸奶是发酵乳制品的一种，是延长鲜牛奶保质期最有效的方法之一。酸奶以鲜牛奶为主要原料，经过不同乳酸菌发酵剂发酵后，通过产生乳酸降低牛奶的 pH 值，引起牛奶中蛋白质凝固，从而改变牛奶的持水性、黏度和流动性，形成风味独特的固态或黏稠态的乳制品，在这个过程中产生的乳酸还能够抑制原料中有害微生物的生长。酸奶的生产技术已经越来越成熟，产品种类也在不断丰富。

在经济快速发展的条件下，推动着人们的生活节奏在不断加快，人们的综合压力在不断增大，同时对生活质量和食品的营养要求也越来越高。乳制品因为其营养丰富越来越受到人们的关注，而酸奶在乳制品中有其特殊的地位，因为其所具备的独特的风味和极高的营养与保健价值而备受人们的钟爱。国内外为了满足消费者对不同酸奶功效的要求相继出现了不同种类的功能性酸奶。酸奶正朝着系列化、营养全面化和功能化的方向发展，拓宽了酸奶的应用市场。

酸奶按生产工艺可分为两大类，一类为凝固型酸奶，主要工艺特点是先灌装后发酵，酸奶凝块组织平滑完整，有少许乳清析出，具有浓郁的天然发酵香气，质地细嫩、酸甜适宜。另一类为搅拌型酸奶，主要工艺特点是先发酵再灌装，即牛奶在罐中先接种发酵，再将果料等辅料与发酵结束后得到的酸奶凝胶体进行搅拌混合均匀，然后灌装入容器内，再经冷却后而得到的酸奶制品。搅拌型酸奶口味可以多样化，营养更为丰富。

目前，随着生产设备及发酵技术的不断完善和深入，酸奶的生产技术已经十分成熟，产品种类也在不断丰富，主要发展方向为功能型酸奶。

（一）工艺流程

1. 搅拌型刺梨酸奶加工工艺

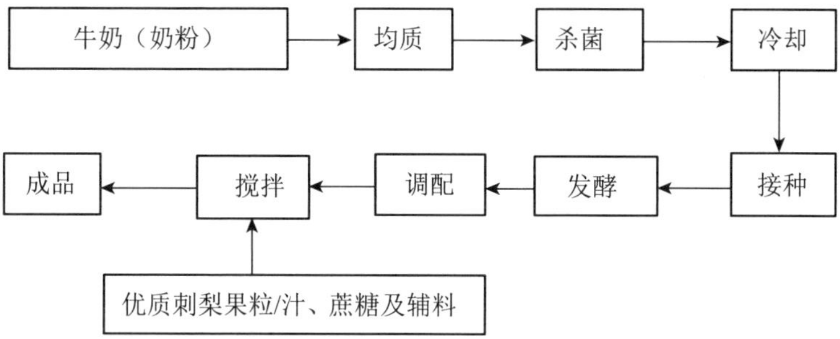

2. 凝固型刺梨酸奶加工工艺

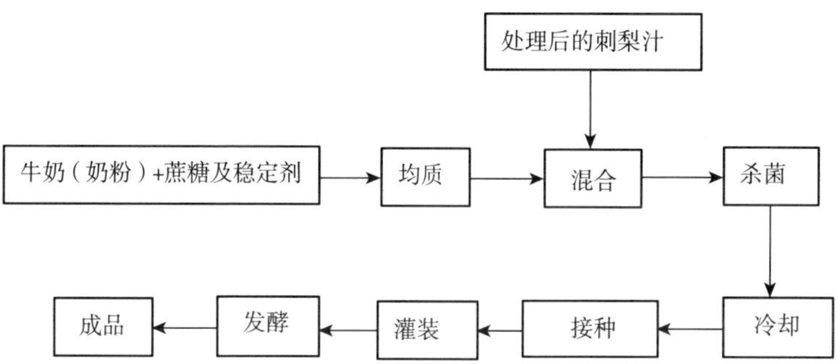

（二）技术要点

1. 原料奶的选择：最重要的一点是不能含有抗生素；一般国内生产酸奶主要使用的菌种是保加利亚乳杆菌和嗜热链球菌，不管是哪种乳酸菌，在有抗生素的情况下，发酵效果都会有很大影响。

2. 刺梨的处理：选择九成熟以上的刺梨果实，色泽金黄、风味浓郁、去除腐烂、变质的部分，用清水清洗、沥干，榨汁备用。

去除刺梨单宁能减少产品沉淀和减轻产品因单宁和有机酸引起

的涩感，因为大量单宁和有机酸，与牛乳中的酪蛋白极易凝聚沉淀，使产品品质降低。

3. 均质：将混合调配好的牛乳通过均质机进行均质，温度为 50～60℃，压力设定为 15～30 兆帕。

4. 杀菌：在 95℃的条件下杀菌 5 分钟。

5. 发酵：牛乳冷却到 42℃，加入适量发酵剂，搅拌均匀，再灌装密封，置于 32～42℃的温度下发酵至牛乳凝固，停止发酵。

6. 搅拌：加入刺梨汁搅拌时，需要缓慢、搅拌均匀，避免出现分层现象。

（三）常见的质量问题及控制措施

1. 常见质量问题

（1）口感苦涩，变色，乳清析出多，沉淀多。

（2）酸奶霉变、酒味，保质期短。

2. 控制措施

（1）生产原辅料质量安全控制：检查使用的原料质量是否符合相关行业标准；刺梨果应无霉变、无劣变，无肉眼可见外来杂质；刺梨汁应色泽明亮、无褐变、无杂质、无异味。

（2）生鲜牛乳应符合 NY/T 1172–2006 的规定，不含抗生素。

（3）生产工艺严格管控，生产设备及环境严格杀菌，避免杂菌污染。

四、其他刺梨饮品

刺梨作为珍贵的地方特色水果资源，产品几乎涵盖了水果可开发利用的产品品种类型，在饮料罐头产品加工利用方面，根据 GB 7101-2015 饮料标准所表述的饮料为供直接饮用或用水冲调饮用的乙醇含量不超过 0.5%（质量分数）的制品，因而刺梨饮料产品可开发为液体及固体形态的产品类型。在 GB/T 29602-2013 固体饮料标准中，根据加工原料不同、配方工艺、加工技术及产品用途不同，对固体饮料进行了分类和定义，这为刺梨新产品开发提供了明确可行的思路方向。

1. 刺梨营养冲剂

以刺梨、人参、茯苓、甘草和干姜为原料，粉碎后过40目筛，以3：2：2：2的质量比例混合均匀，加24倍水煎煮30分钟，煎煮次数3次，提取物浓缩冷冻干燥后粉碎过筛得冲剂基粉，冲剂基粉添加量1份（粒度为100目，80%刺梨冻干粉，20%黄芽汤冻干粉），木糖醇0.3份（30%）。制得的刺梨功能性冲剂为淡黄色，具有开胃健脾、补充维生素C的功效，且口感细腻、味道香甜，该工艺简单，实用性强，可工业化生产。

2. 刺梨胶原蛋白片

刺梨胶原蛋白片的制备方法，将刺梨鲜果经过真空冷冻干燥和经粉后得到刺梨冻干粉，在刺梨冻干粉中添加胶原蛋白粉或其他动植物蛋白粉 25%、葡萄籽提取物 0.5%、甘露醇 12%、木糖醇 20%、微晶纤维素 10%、淀粉 16%、硬脂酸镁 1.5%，制成刺梨胶原蛋白片，可得到一款健康、低糖、低热量的保健食品。

3. 刺梨冻干粉

刺梨中含有的多数活性物质并具有热敏性，加工贮藏过程极易遭到破坏。为了最大限度地保留刺梨功能活性组分，提高刺梨产品的健康品质，目前，采用真空冷冻干燥法将刺梨汁冷冻干燥成干粉是刺梨干燥保藏的重要技术途径。刺梨冻干粉操作工艺主要流程：原料→打浆→过滤→混匀→冻干→粉碎。刺梨汁的共融点为 –26 ~ –24℃。冷冻干燥的最佳工艺参数为：装料厚度为 1.4 ~ 1.6 厘米，预冻结阶段降温幅度为 0.4℃ ~ 0.5℃ / 分钟为宜；升华阶段的隔板加热温度应控制在 25℃以下，升华阶段的真空度在 60 ~ 100 帕，解析阶段的温度应控制在 55℃以下，真空度为 20 ~ 50 帕；整个冻干周期为 17 小时左右。刺梨冻干粉可添加到牛奶、饼干等产品中，提升常规食品的营养和保健价值，亦可灌装制成胶囊，直接以健康产品销售。这些刺梨保健产品浓缩和保留了刺梨中的维生素 C 等营养物质及其他生物活性物质，又在一定程度上弥补了刺梨鲜果保存期短、易腐败变质的缺点，作为刺梨精深加工的原料，具有广泛的市场需求。

4. 刺梨、苦丁茶、杭白菊复合袋泡茶

该茶将刺梨与苦丁茶、杭白菊混配，研制成袋泡茶，改善了刺梨单独作茶饮料的苦涩浓厚口感，可适应更广泛消费人群，同时提升了产品营养保健效果。刺梨果实通过挑选，除去病虫果、腐烂果、青色果及杂质，滚筒清洗机清洗，破碎机将刺梨粉碎为 5 毫米左右的碎片，筛分除去种子，装盘送入人工干制机 60 ± 5℃烘制到刺梨果块含水降到 10% 以下。苦丁茶经过除杂质和直径在 2 毫米以上的粗大茎秆，水分含量控制在 6% 左右，用粉碎机粉碎成 2 毫米的碎粒。杭白菊处理参照苦丁茶处理加工。采用刺梨与苦丁茶、杭白菊混合制备袋泡茶，刺梨、苦丁茶、杭白菊复合袋泡茶最佳配比为，干刺梨：苦丁茶：杭白菊=10 ： 40 ： 1。产品较好地改善了单一原料口味单薄，作用单一缺陷，所得的刺梨、苦丁茶、杭白菊复合袋泡茶产品具有更丰富浓郁口感及健康作用。

5. 刺梨金银花速溶茶

该茶综合刺梨及金银花等药材的多种药理活性作用，发挥其清热解毒、健脾保肝的功效，以及美容养颜、排毒养肝作用。采用贵州民间独特配方，利用贵州特色天然野生刺梨和金银花为原料，金银花和刺梨按1：1的比例粉碎制成粗粉，加水煎煮2次，每次加水18倍量煎煮1小时。水煮液经200目网过滤，滤液通过4000转/分钟管式离心机离心15分钟后，取得上清液。上清液中按照质量份比1：1加入麦芽糊精和甘露醇搅拌均匀，浓缩得浸膏。将浸膏于50℃～70℃下微波真空干燥3～4小时，粉碎。过60目筛后用95%乙醇制软材，过40目筛制粒干燥后过60目筛，干燥后包装即得。刺梨金银花速溶茶能降低血清中碱性磷酸酶活性和丙二醛含量，增加还原型谷胱甘肽含量，降低乳酸脱氢酶活性，增加总蛋白含量，并在实验中发现对大鼠化学性肝损伤有保护作用。另有报道的技术方法选用刺梨、薄荷和菊花原料，清洗、烘干后粉碎，按配方2：2：3、2：1：2、1：3：3的比例配制袋泡茶，可分别突出原料不同特色风味口感，适合消费者需求，体现不同的健康作用品质。

6. 刺梨沙棘松花粉压片糖果

以松花粉、刺梨、沙棘为主要原料，通过气流破壁和超微粉碎技术处理后，经制粒、总混、压片和包衣等工序制成。其中刺梨、沙棘和松花粉按 2 ∶ 1 ∶ 1 的比例配伍，是一款具有抗氧化、抗衰老、增强机体免疫力等作用功效的全新压片糖果食品。产品采用预处理和低温气流破壁相结合的方法，大大地提高了松花粉的破壁率，而且营养物质得到了完整的保留，实现了破壁率高和营养成分保存全面的有益效果。而刺梨和沙棘采用低温超微粉碎技术，可在低温状态下进行，且粉碎速度较快，能最大限度地保留粉体的生物活性及各种营养成分，减少有效成分的损失，特别是对温度敏感的营养成分的破坏，确保了产品的高品质和高生物利用度。

7. 刺梨茶含片

以 90% 乙醇为湿润剂、茶叶提取物 10 份、刺梨粉 13 份、木糖醇 90 份、填充剂 50 份（玉米淀粉：麦芽糊精 =2 ∶ 1）、柠檬酸 3 份、硬脂酸镁 0.5%。主要加工过程为：①将茶叶粉碎过 30 目筛备用，按液料比 20 ∶ 1（毫升：克）加入 90% 乙醇浸提 20 分钟，二次浸提过滤后将滤液合并，并浓缩至 1/3，用喷雾干燥法对浓缩液进行处理制得茶粉。②原辅料混合。将所有原料经粉碎机粉碎，过 80 目筛后，按照用量将与辅料混匀。③制软材与制粒。物料混匀后，加入适量的 90% 乙醇，使物料达到手捏可成团，触之则散的状态。将制好的软材过 20 目筛制粒，并均匀平铺在托盘中，置于 55℃鼓风干燥箱中干燥。④压片。取干燥好的颗粒，加入 0.5% 的硬脂酸镁润滑，充分混匀后，用压片机压片即可。⑤灭菌与包装。将压好的片剂和包装材料放在紫外线下照射 20 ~ 30 分钟后包装。可制得表面光滑，具有茶风味、口感独特、酸甜适宜、硬度适中的刺梨茶含片。

8. 刺梨粉营养含片

配方工艺一：按重量份计每片含有：刺梨全粉 5 ~ 20 份、麦芽糊精 10 ~ 35 份、β－环状糊精 5 ~ 15 份、蔗糖粉 20 ~ 50 份、柠檬酸 1 ~ 5 份、苹果酸 0.5 ~ 2 份、硬脂酸镁 1 ~ 4 份。将刺梨果实先制成刺梨全粉，与麦芽糊精、β－环状糊精、蔗糖粉、柠檬酸和苹果酸混合均匀，喷洒乙醇溶液制成软材，过筛网形成颗粒后烘干，再过筛整粒，加入硬脂酸镁混合均匀，压片、杀菌、包装，刺梨含片光滑紧实片状，外观色泽呈浅黄色，具有刺梨独特的风味。

配方工艺二：刺梨干粉 10%、蔗糖 25%、麦芽糊精 15%、甘露醇 25%、硬脂酸镁 0.3% 和淀粉 24.7%，采用湿法制粒压片法，刺梨含片表面色泽均匀、无任何杂斑、无异物。

配方工艺三：刺梨果汁粉 25%、微晶纤维素 7%、糊精 12%、木糖醇 50%、羧甲基纤维素钠 1%、柠檬酸 2%，制成的刺梨含片呈黄棕色，表面光滑，色泽均匀一致，具有刺梨香味，酸甜爽口，入口细腻，硬度适中。

五、产品质量控制

刺梨果汁单宁含量较高，涩味重，生产中原料单宁会影响其口感、色泽和澄清度，100% 原汁产品影响消费者接受度，一般含 30% 以下的果汁饮料风味较好。随着刺梨产品技术研究的不断深入，不断推出对刺梨共性技术质量问题的相关解决技术措施，如通过物理脱除法、化学脱除法、生物脱除法和其他脱除法对果汁中单宁进行脱除和掩蔽，从而改善产品风味及感官品质。目前常用的几种方法如下。

1. 吸附脱除法

吸附的材料多是惰性物质如活性炭、PVPP（聚乙烯吡咯烷酮）、TPV（改性乙酸纤维素）、树脂和酵母等。目前，应用最普遍的吸附材料是活性炭和PVPP。活性炭可吸附缩合单宁、色素等物质，如活性炭可吸附果汁间苯三酚类多酚及其缩合单宁物质，单宁的脱除率为47.27%，但对果汁色泽和风味有一定影响。PVPP具有较强的络合沉淀能力，可吸附类黄酮和单宁，除去具有涩味的成分而改善某些饮料的口感，单宁脱除率为60.55%，但吸附脱除法处理时间比较长，果汁稳定性尚需巩固提升。

2. 超滤脱除法

采用超滤去除多酚类物质，对果汁涩味的去除、控制贮存中混浊的形成、改善果汁的色泽、提高产品的品质，截留相对分子质量为 1×10^3、3×10^3、1×10^4 的超滤膜对多酚的去除均有显著作用，能有效截流果汁中多酚物质，截留能力在30%—50%以上。

3. β－环糊精脱除法

β－环糊精，作为食品添加剂，具有无毒、无味、在人体内易水解为葡萄糖分子、吸附能力强、熔点高和性质稳定等特点。β－环糊精利用其环状结构对单宁类物质包埋屏蔽，形成包埋复合物，改变单宁物质的物理特性，改善果汁的口感和澄清度，在多种果汁饮料中添加0.2%—0.5%即可产生明显效果。

4. 明胶脱除法

与蛋白质的结合反应是多酚的特征性的反应之一，可用明胶与丹宁形成络合物絮状物沉淀，从而脱除果汁中的单宁物质，同时完成果汁澄清。因不同果汁单宁含量差异，需要在生产前经过小试确定明胶溶液最适合添加浓度，同时添加过程需要控制较低的汁液温度以及缓慢添加，充分匀速搅拌，使明胶单宁充分接触反应，提高脱苦与澄清效果。

5. 壳聚糖脱除法

壳聚糖是甲壳素水解得到的一种线性高分子碳水化合物，其弱碱性在弱酸性溶液中形成带正电荷的聚电解质，与果汁中带有负电荷的阴离子单宁作用形成凝聚体，使单宁沉淀下来而被去除。添加微量的聚糖果汁便可脱除果汁中的单宁，营养成分也损失较少。

6. 生物脱除法

在果汁中加入一定量的生物酶制剂，如果胶酶、单宁酶等，利用酶的作用将单宁物质去除。如利用果胶酶水解果汁中的果胶物质以及多糖，使果汁中的单宁失去果胶的保护作用而与其他胶体共同沉淀，既达到脱涩的目的，又提高了生产效率与出汁率，而且对营养物质影响较小，具有快速、简便等特点。此外，通过单宁酶脱除，可以水解单宁中的酯键和缩酚羧键，生成没食子酸和葡萄糖，达到改善口味的作用。

此外，还有其他脱除方法，如金属离子脱除法，通过果汁中单宁中分子大量的酚羟基可以与大多数三价金属离子和过渡金属离子发生络合，形成稳定的五元环螯合物，可能同时还发生氧化还原和水解配聚等其他反应，在不同 pH 值下发生沉淀，达到去除单宁的目的，但金属离子添加可能对加工品的口感造成一定的影响。在食品加工中，对不良风味的处理，也常通过添加掩蔽剂如不同种类甜味剂，以及蛋白质、多糖等大分子对不良风味分子在味觉感知反应的影响，减弱其呈味强度，从而提高感官品质。

由于刺梨果汁营养活性成分丰富极易出现果汁褐变，主要是因为果实中氨基酸等化合物和还原糖等碳基化合物容易发生美拉德反应；酚类物质在多酚氧化酶的作用下与氧反应出现变色反应；金属离子如铁、铜等催化色素物质反应而变色和抗坏血酸氧化褐变。在刺梨果汁贮藏过程及加工产品色泽稳定控制方面，除了通过冷链及低温处理有效保存原料果汁营养剂色泽风味品质之外，通过减少加工贮藏过程中氧气接触也是生产中的主要技术关注点，如研究表明，刺梨在榨汁前通过 80℃、10 ~ 15 分钟的汽蒸处理，同时结合抽真空处理；或可以通过在刺梨果汁中添加葡萄糖氧化酶，不仅可以消耗果汁中溶解的氧气，同时可以有效保存维生素 C 和氨基态氮含量，减缓褐变中间产物 5- 羟甲基糠醛的产生，对抑制刺梨果汁褐变具有良好的效果。此外，经可溶性甲壳质剂处理的刺梨汁透光率提升，维生素 C 和超氧化物歧化酶的损失均减小。采用明胶处理法、热处理法、抗坏血酸法等不同的处理方式，以降低果汁中的单宁含量、溶氧量，钝化酶活性，降低饮料的涩味，保证产品的天然色泽。

随着食品加工技术的不断进步和新兴技术成果不断涌现，将不断推动刺梨资源加工水平以及产品品质水平提升，给市场提供更为丰富和高品质的特色产品。

第三节 糖制品加工技术

一、刺梨果脯加工技术

果脯也称蜜饯，古称蜜煎，中国民间糖蜜制水果食品。流传于各地，历史悠久，是一种以果蔬等为主要原料，添加（或不添加）食品添加剂和其他辅料，经糖或蜂蜜或食盐腌制（或不腌制）等工艺制成的制品。除了作为小吃或零食直接食用外，果脯也可以置于蛋糕、饼干等点心上作为点缀。包括蜜饯类、凉果类、果脯类、话化类、果糕类和果丹类等。唐代，将进贡朝廷的水果用蜂蜜浸泡保存，到宋代，制作精细，品种多样，由蜜渍发展为兼用蔗糖干制两大类。经选果、洗净、浸泡、熬制等工序制成，色味俱佳。

（一）制作原理

利用高浓度糖液形成的高渗透压环境，致使微生物在发生细胞的原生质脱水失去活性，同时高浓度的糖液（65% 以上）中因水分活度低、氧的溶解度低，微生物的正常新陈代谢受阻，能有效抑制细菌和霉菌生长，达到制品长期保存的目的。刺梨果脯就是利用了这一原理加工而成。

（二）工艺流程

脱刺→选剔→切分→去籽→烫漂→糖制→干燥→包装

（三）操作要点

1. 脱刺

（1）人工脱刺：将刺梨果实装入布袋或其他袋中，反复揉搓去刺。

（2）搅拌去刺：常采用手工搅拌机或洗衣机清洗脱刺。

（3）机械去刺：将刺梨放入料筒后，由电机带动转子转动，使刺梨离心旋转并不断翻动与转子上的橡皮条接触摩擦去皮，同时自动淋水装置将磨下的皮及沙土等污物冲洗干净，经排水口随水流出。经该机脱皮的刺梨外表光滑、细腻不带细皮及杂质，无破碎现象。该法替代了传统的辛苦烦琐的脱刺工艺，减少刺梨脱刺时间和人力、产量增大，成本减少。

2. 选剔：将脱刺后的刺梨进行人工挑剔，剔除病、虫、伤等劣质果。

3. 切分：沿果实腰部横切，力求均匀一致。

4. 去籽：沿果实的中轴部位去掉果实籽粒。

5. 硬化与护色处理：刺梨中含有单宁物质，极易氧化褐变，为了阻止其氧化褐变、增强果实硬度，可用 1% 淡盐水和 1% 氯化钙溶液对已处理的原料进行浸泡处理 1～2 小时，以达到护色和硬化的目的。

6. 烫漂：将经硬化和护色处理的原料放入无油清洁的沸水中烫漂 1～2 分钟后，迅速冷水冲淋降温，以达到钝化多酚氧化酶活性、阻碍酶性氧化、防止氧化褐变的目的。

7. 糖制

（1）加糖蜜制：这种方法原料不经煮制，在糖液中任其吸收，最后达到原料组织内外糖分平衡，成为饱满且透明状的成品。把经处理的刺梨原料逐次增加干糖（白砂糖）腌制。先用原料重量30%的白砂糖与原料混拌均匀。经过12～24小时后，再补20%的白砂糖翻拌均匀，继续放置24小时。又补加10%的白砂糖腌制，腌制1周左右。直至原料体积缩小，透糖速度降低后，将原料捞出，沥干表面糖液，风干即成成品。此法分次加糖，且不需加热，糖渗透速度慢，虽然加工所需时间长，但能保持原有的色、香、味和完整外形及质地，营养损失少。

（2）真空渗糖技术：真空渗糖就是将原料切分后放入高渗透压的糖液中，利用负压进行渗糖。即把果肉周围环境压力降低，果肉内的气体由于内外压力差而外逸，破除真空后，糖液通过压力差而渗入果内，从而完成渗糖。与传统工艺相比较，经真空渗糖处理过的果片不需煮制即可快速渗糖，营养成分损失少，提高了产品的营养价值，同时减少了与空气中氧离子的接触，降低了多酚氧化酶的活性，能较大程度地保持原果风味、组织和色泽，并限制或避免了使用二氧化硫，缩短了生产工艺周期。

优点：能很好地保持原料的色、香、味及完整的果形，产品中的维生素C损失较少。

（3）加糖煮制：方法有一次煮制法、多次煮制法等。

①一次煮制法：用60%的糖液直接煮制刺梨，直到果块的含糖量达50%左右，起锅。此法优点是快速省工，缺点是持续加热时间长，原料易烂，色香味差，维生素破坏严重，糖分难以达到内外平衡，致使原料失水过多而出现干缩现象。

②多次煮制法：刺梨果块→40%糖液煮2～3分钟→放冷

→50%糖液煮→放冷→60%糖液煮→放冷→出锅。

8. 干燥：经糖制后，成品含水量较多，质地柔软，表面有糖液，需进行烘干处理，这是果脯加工不可缺少的一道工序。通常在50℃～60℃的温度条件下，烘到产品含糖量达65%以上即可。

9. 整理包装：干燥后的果脯，应及时整理或整形，以获得良好的商品外观。整形后，将产品放在清洁干燥的环境下回软1～2天，选用阻湿隔气性好的包装材料按规格要求进行包装密封。

10. 贮藏：未及时销售的刺梨果脯产品，应选择在15℃以下的低温、干燥、通风、避光场所进行贮藏。

（四）加工过程中应注意的问题

1. 原料应选择新鲜、肉质肥厚、成熟度适宜、纤维少的品种，以免产品干瘪、口感粗糙。

2. 在加工过程中应尽量减少与铁、铜容器接触，因为野生刺梨对铁、铜非常敏感，接触后会造成维生素C含量的大量损失，铁还会使制品变为黑色，并带有铁腥味。因此，加工过程中最好使用不锈钢或铝制的容器和工具。

3. 野生刺梨的纤维素含量较高，为了防止制品的口感粗糙、不化渣，在选择原料时不宜选择过分老化的野生刺梨；在加工过程中，还要注意硬化、糖煮时间和糖煮条件的掌握。

4. 为了防止刺梨果脯的饱满程度差、制品产量低，糖煮的初始浓度不能过高或过低，最好采用30%的糖液作初始糖液以保证细胞内外渗透压的一致，加快糖液的扩散速度和均匀一致性。

5. 加工过程中采取真空煮制和冷热交替处理的工艺来提高煮制

的速度，通过隔绝刺梨与氧气的接触和缩短加热的时间来最大限度地保持原料中的维生素 C，使果脯能够保持野生刺梨的生理活性和功能。

二、刺梨糕加工技术

果糕是以水果、果汁或果蔬等熬制成的酱及白砂糖、果胶、水为主料，添加适量的辅料，经过熬煮、混合、成型、冷却干燥而成的方便食品，按各种口味的不同加工成各种形状。果糕加工能使水果的大部分营养保留，形成一种不加淀粉、不含化学色素、香精及其他化学合成物质、高果浆含量的天然低糖营养食品。传统果糕利用果胶制作而成，果胶能形成具有弹性的凝胶，不同酯化度的果胶形成凝胶的机制不同。高甲氧基果胶必须在 pH 值 2.8 ~ 3.5、糖浓度 60% ~ 70% 中才能形成凝胶，一般要求果胶含量 <1%。因为在 pH 值为 2.0 ~ 3.5 时，蔗糖浓度达到 58% ~ 75% 后，由于糖争夺水分子，致使中性果胶分子溶剂化程度降低，有利于形成凝胶。

果糕香味浓郁、风味独特的原因与水果中的化学成分在加工中的反应有关。究其原因：一是果糕原料需经过熬煮和干燥工艺，蔗糖在这两道工序中发生焦糖化反应（糖的高温裂解）和美拉德反应（还原糖和氨基酸），产生挥发性香味物质醛类和酮类等；二是原料处理（酶解）、混合和干燥工序中温度的升高，导致了水果中挥发性物质改变。水果香味是由于长时间的高温处理使糖苷类前体释放、氧化、水含量降低和单个化合物环化（如羟基酸）。

（一）工艺流程

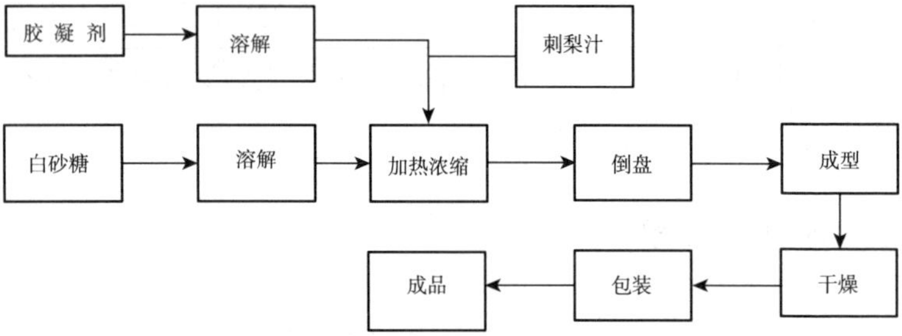

（二）操作要点

1. 挑选与清洗：原料鲜果解冻后清洗，去除腐烂变质的鲜果，用刀切小块儿备用。

2. 打浆：刺梨需先将用打浆机打碎后，再通过胶体磨制成浆。胶体磨设置参数为：转速 2830 转 / 分钟，物料处理细度 40 微米，物料处理时间 5 分钟，制备刺梨全果果浆含量为 35%。

3. 浸泡：提前将胶凝剂先与白砂糖混匀，并充分溶解，可以使胶凝剂充分吸水，溶解更彻底。

4. 熬煮：熬煮时果浆与糖、胶溶解液一同加入锅中，温度控制在 60 ～ 100 ℃，熬煮时间为 3 ～ 8 分钟，熬煮时在保证不焦煳的情况下升高温度尽快完成熬煮过程，不断搅拌，直至浓缩可溶性固形物为 80% 为熬煮终点。起锅前加入柠檬酸，搅拌均匀后立即起锅，迅速导入事先准备好的模型中。导入模型中后，迅速摇动，调整至果糕厚度为 0.8 ～ 1 厘米，糕体表面平整、光滑。

5. 干燥：将熬煮好的果糕置于托盘中，置于鼓风干燥箱烘干。

三、刺梨果酱加工技术

果酱是一种以水果、果汁或果浆及糖等为主要原料，经预处理、煮制、打浆（或破碎）、配料、浓缩、包装等工序制成的酱状产品，是水果主要的深加工产品，较高的糖酸含量改变了水果原有的口感品质，赋予了果酱良好的色泽和风味，延长了水果供应期和保存期，提高了水果经济效益。在传统果酱生产中，所有的成分都按适当的比例混合，在常压或减压条件下通过热处理进行浓缩，以达到所需的可溶性固形物含量，这一过程会使果肉变得浓稠，水果结构被破坏，从果肉中释放出原有果胶，并将果胶浓缩到一定程度后，由于果酸和水的活性降低，果肉能够很好地保存；同时，在果酱加工过程中，水果原本的营养物质也可以得到保存。可用来制作果酱的水果种类繁多。将新鲜水果制成果酱，在延长水果保存时间的同时还保留水果原有的酸甜味道；另外，加工过程还可以使果酱的营养物质更加丰富。果酱中富含天然果酸，能够促进人体消化道中的消化液分泌，有助于人体消化，还有增强食欲的功效。果酱含有的色素对治疗缺铁性贫血有辅助作用。果酱含丰富的锌、钾元素，能缓解疲劳感，增强记忆力。婴幼儿食用果酱可补充钙、磷，从而预防佝偻病。另外，果酱富含果胶，果胶是一种天然高分子物质，由几十至几百个脱水的半糖醛酸组成，从植物细胞壁中提取，具有胶凝、增稠、稳定和乳化的特性。根据甲氧基化羧基的程度，传统上将果胶分为甲氧基化程度 > 50%的高甲氧基化果胶和甲氧基化程度 <50%的低甲氧基化

果胶。果胶能够安全、无毒的方式螯合铅、砷等重金属，对人体铅水平的控制具有非常积极的作用。同时，可以降低某些癌症和心血管疾病的风险以及血糖指数和减缓胃运输，并有助于控制能量的摄入。

（一）果酱的加工原理

果酱是以食糖的渗透作用为基础的加工保藏法。利用高糖溶液的高渗透压作用，降低水分活度作用、抗氧化作用来抑制微生物生长发育，提高果蔬的保存率，改善制品色泽和风味。

（二）刺梨果酱的加工流程

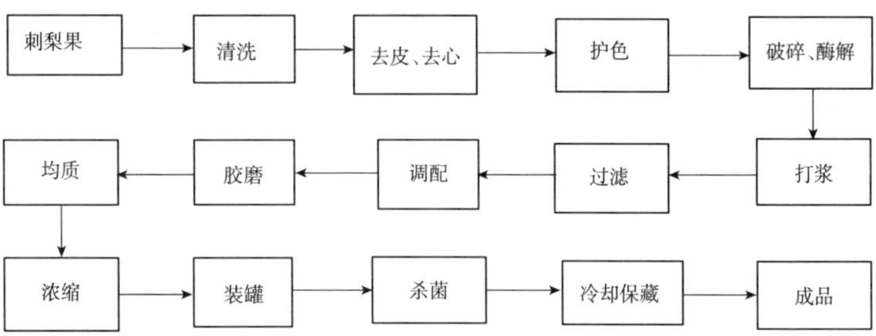

（三）操作要点

1. 预处理：挑选完好、无软腐、无霉烂的刺梨，经 0.1% 高锰酸钾溶液浸泡 5 ~ 10 分钟后取出，再用流水冲洗、沥干水分，选用机械擦皮或滚筒去皮法去皮，采用 0.1% 柠檬酸 +0.1% 异抗坏血酸钠盐调配的复合护色液浸 30 分钟，压榨破碎，添加 0.015% 果胶酶和 0.05% 纤维素酶均匀混合于果肉中，并于室温下酶解 3 小时，经打浆、粗滤，合并第 2 次洗渣液，得果浆，备用。

2. 调配：将果胶、黄原胶、魔芋胶等增稠剂按一定的比例与白砂糖、低聚糖等混合，备用。

3. 浓缩：将无籽刺梨果浆和混合糖搅拌均匀，经 5 分钟胶磨和 20 千帕的高压均质后，再通过冷冻加热法浓缩。先冷冻 3 分钟，再于 90 ~ 95℃条件下加热浓缩，保持恒温 10 分钟左右。反复多次，不断搅拌，最终达到所需浓度即可完成。

4. 灌装：金色酱体趁热迅速装入经消毒的玻璃瓶中，封口并密封，防止被微生物污染。

5. 杀菌：装好的果酱可采用沸水浴 30 分钟左右，或于 121℃条件下热杀菌 90 秒，待自然冷却到室温，保藏。

（四）低糖果酱

目前传统果酱含糖量通常在 60% ~ 65% 以上，甜度高，热量大，为了满足糖尿病患者和有特定健康问题的患者，低糖果酱应运而生，其含糖量一般在 25% ~ 45% 之间；美国食品药品监督管理局规定低糖果酱所含的糖必须比参考食物少至少 25%，可以称为含较低糖（这是相对声明），因此含糖量在 50% 以下的低糖果酱是产业发展新方向，具有很大的发展前景。由于高糖酱体中水分受到较大束缚力，熬煮时不易被去除，所以果酱在加工过程中更耗时耗能，香气成分和营养物质极大程度被破坏，从而导致果酱的品质下降；而低糖酱体中水分所受到的约束力小，熬煮时间缩短，因此营养和香气保存较好。但是低糖果酱含糖量较低的情况下，其储存期相对较短，因此低糖果酱也存在不足，即储存时间相对较短。

传统果酱利用高糖、高酸、高甲氧基果胶形成凝胶，低糖果酱由于含糖量低难以形成高甲氧基果胶，因此酱体易析出水分，一般通过添加低甲氧基果胶、海藻酸钠、黄原胶、瓜尔豆胶等增稠剂形成凝胶，减少水分析出。低糖果酱突出原果风味，种类繁多，酱体细腻，色泽稳定，口感清爽、酸甜，营养成分更加丰富，符合对绿色生活的追求。因此，相比较于传统果酱，低糖果酱更适于各类人群。

四、刺梨果冻加工技术

根据 GB/T 19883–2018 对果冻进行了如下定义："果冻是以水、食糖和（或）淀粉糖等为主要原料，辅以增稠剂等食品添加剂，添加或不添加果蔬制品、乳及乳制品等原料，经溶胶、调配、罐装、杀菌、冷却等工序加工而成的胶冻食品。"其主要原料中的卡拉胶，也被称为鹿角菜胶或角叉菜胶，是从天然的大戟和其他海藻中提取的天然多糖，具有可溶性膳食纤维的主要特性，并且是一种安全的增稠剂，被批准用于中国的各种食品中。由于果冻有很香的甜味，味道也可口，所以很多人都爱吃，尤其是儿童喜欢吃。我国于 1985 年引进了果冻的第一条生产线，发展至今，我国已成为世界第一大果冻生产国和销售国。

大多数果冻使用海藻胶，这是一种天然食品补充剂。从营养的角度来看，它被称为可溶性纤维。我们知道水果、蔬菜和全谷物含有许多膳食纤维。对人体的主要营养作用是调节肠功能，尤其是润肠通便。果冻起着这种作用，因此多吃可以增加肠内的水分并对便秘起到改善作用。

低聚糖也被添加到一些果冻中，可以调节肠道菌群，增加有益细菌，改善消化吸收，减少患病的机会。根据调查，大多数中国人的日常饮食中常吃高脂肪和高能量的食物。当蔬菜和水果不能及时添加时，最好多吃些果冻以改善消化。

果冻的另一个好处是能量低。它几乎不含蛋白质和脂肪等能量营养素，因此想要减肥或保持苗条身材的人可以放心食用。

（一）工艺流程

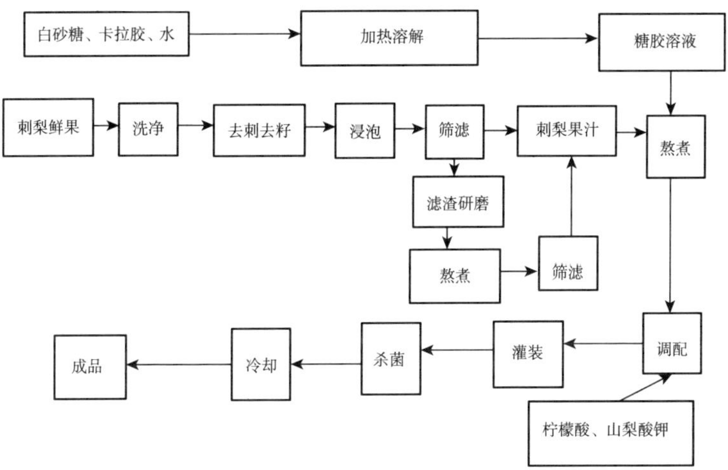

（二）操作要点

1. 刺梨果汁的制备：首先将经过洗净、去刺去籽后的新鲜刺梨果肉，用 40℃～70℃的水浸泡 8～12 小时，得到“浸泡”刺梨果汁，再将浸泡后的刺梨果肉进行研磨，过 120 目筛后，放入 50℃～80℃的水中熬煮 8～12 小时后，得到“熬煮”刺梨果汁，将上述两种刺梨果汁混合，过 180 目筛后，得到实际制备所用的刺梨果汁。

2. 糖胶溶液的制备：将白砂糖、卡拉胶、水加热溶解，加热过程中持续搅拌，直至胶粉完全溶解，制备得糖胶溶液，备用。

3. 熬煮：先熬煮糖胶溶液，再加入刺梨果汁，一同熬煮。

4. 柠檬酸、山梨酸钾的加入：柠檬酸先用少量水溶解，由于它会使糖胶的 pH 值降低，易发生水解，使之由稠变稀，影响果冻胶体的成型。为尽量减少其对胶体的影响，在工艺操作时应在刺梨果汁糖胶液冷却至 70℃左右时再加入，搅拌均匀，以免造成局部酸度偏高。添加食品添加剂的目的是为了果冻的口感更丰富、色彩更鲜艳、贮存期更久等，但食品添加剂的用量要符合国标标准。

5. 灌装灭菌：配制好的果冻通过灌装机灌入不同形状的果冻杯或包装内，再将杯口或袋口塑封。塑封口的温度较高，所以塑封时间保持在 2 秒左右，要防止出现塑封温度、时间不当而导致封口不严或塑封膜烧坏的情况。塑封好的果冻要通过金属检测仪、重量检测仪等检测装置，去除不合格产品，必要时要设置人工检测，剔除不合格产品。果冻的杀菌方式普遍采用的是巴氏杀菌法。塑封好的果冻要通过长长的杀菌通道，通道的水温维持在 90 ℃左右，通过通道的时间维持在 20 ～ 30 分钟。果冻的杀菌是为了延长保质期，保证果冻的品质。

6. 冷却：将封好口灭过菌的果冻浸入温度为 5℃～ 10℃的冷却水池中冷却 10 分钟，确保果冻完全冷凝。冷凝过后，果冻进入风淋系统。合适大小的风吹干果冻外包装上的水。

7. 包装：采用机械包装的方式，将果冻打包成不同规格的果冻组合。

8. 检测：除了生产线上要安装重量检测仪、金属检测仪等简易检测装置外，还应设置人工检测和定期产品抽检。人工检测是为了确保生产线运作正常，查看产品的标签打印是否合格，去除一些肉眼可见的不合格产品；定期产品抽检要将产品送到检测区，根据标准检测果冻中的微生物含量、凝胶强度、质构特性等性质。

（三）果冻的定型

果冻凝结主要通过冷却形成，但是明胶的量、制备的温度和时间与制剂的质量有关。定型的一般方法是将准备好的果冻液倒入模具中，然后放入冰箱中冷却和成型。调节所需的时间取决于明胶配方中明胶的量。配方中的明胶越多，凝固时间越短，但是明胶的量却不是越多越好。如果使用大量明胶，最终产品将变硬很多，这不仅会导致果冻丢失口感，还会降低果冻质量。在正常情况下，明胶的量为 3% ~ 6%，冷却时间为 3 ~ 5 小时。

形成果冻时的温度通常为 0 ~ 4℃。通常，温度越低，硬化果冻所需的时间越短，反之亦然。但是，当果冻成型时，不应将其冷却至 0℃以下，因为果冻中的大多数原材料都是含水的液体材料。如果将果冻冷却至低于 0℃的温度，则水果会冻结，并且果冻的质量会下降。当明胶进入冰箱冷却并形成时，应在果冻上覆盖一层保鲜膜，以免影响其他食物的味道或影响其自身的味道。

（四）脱模与装饰

打开成品包装时，请保持原样。因此，从冰箱中取出成型产品后，建议用温水稍微加热模具底部和周围，实现脱模。通常它可以用水果、巧克力插件、干果、新鲜的发泡奶油等装饰。

（五）注意事项

1岁左右的孩子不宜吃果冻，因为这个时期的婴儿牙还很少，不能正常咀嚼，把果冻打碎，一旦吸进去，阻塞声门，几分钟就会窒息而死。因为果冻是胶状物，即使是疏通也是困难的，需要手术。此外，较大的孩子最好不要以吸取模式来吃果冻，更不要吞咽大块果冻。

第四节 刺梨果酒类加工技术

一、刺梨发酵酒加工技术

刺梨发酵酒：是以刺梨为主要原料，添加含淀粉或糖质的原料，经酵母菌进行酒精发酵制得；不经过蒸馏的，可以直接或经处理后饮用的发酵酒。

近年来，贵州刺梨的种植实现了规模化，给刺梨发酵果酒的加工提供了优质原料和产业基础，发酵刺梨果酒产品市场需求会持续增长。

（一）工艺流程

刺梨→分选→清洗→晾干→破碎→成分调整→发酵→陈酿→澄清→过滤→调配→杀菌（或不杀菌）→罐装→成品

（二）技术要点

1. 原料选择：筛选新鲜、成熟、饱满、无青果、无病虫害及破损、腐烂、烂斑的刺梨鲜果，去除花萼和果蒂，流水清洗后晾干。

2. 成分调整：一般使用白砂糖或冰糖进行调整，先用果汁将糖溶解后再添加。

3. 菌种

选择葡萄酒果酒专用酵母；可以使用培养好的酵母液，也可将活性干酵母活化后添加。

4. 发酵管理：发酵温度控制在 18℃～25℃之间，发酵期间每天测定发酵果汁含糖量和温度。

5. 陈酿：一般在 15℃下陈酿。

6. 澄清：采用硅皂土澄清。检查酒液，澄清良好时用硅藻土过滤机过滤。也可以用单宁 - 明胶法进行澄清。

7. 杀菌：用巴氏杀菌或热灌装。

（三）加工实例

1. 刺梨花果酒

刺梨花果酒是以刺梨、桑葚、荔枝、山楂、青梅、桂花、菊花、黑糯米等为原料发酵成酒后经超微过滤而得。该酒保留了粮食与花果的营养成分。酒体醇厚，酒香、花香、果香清雅协调，回味怡畅，入口香甜，淡雅柔和。

2. 金刺梨酒

金刺梨酒是以新鲜金刺梨和糯米共同发酵制得的果酒，该酒酒色微黄，柔和淡雅，酒体醇厚，酒香协调，口感回涩，醇厚甘美。

（四）质量安全控制

1. 质量要求：应符合 T/G ZSX 055.7–2019 刺梨系列产品刺梨酒（发酵酒）规定。

2. 常见质量问题及控制措施

（1）生膜

又名生花，是由酒花菌类繁殖形成的。果酒暴露在空气中表面生长一层膜，振动后膜即破碎成小块（颗粒）下沉，并充满酒体，使酒混浊，产生不愉快气味。其控制措施如下：

①不让酒液表面与空气过多接触，贮酒盛器需经常添满，密闭贮存。要保持周围环境及容器内外的清洁卫生。

②在酒面上加一层液体石蜡隔绝空气，或经常充满一层二氧化碳或二氧化硫气体。

③在酒面上经常保持一层高浓度酒精。若已经生膜，则需用漏斗插入酒中，加入同类的酒充满盛器使酒花溢出以除之。注意不可将酒花冲散，严重时需用过滤法除去酒花再行保存。

（2）变味

①酸味：果酒变酸主要是由于醋酸菌发酵引起的。常见的是醋酸杆菌。

控制措施：与生膜相同。如感染醋酸菌，可采取加热灭菌，在72℃～80℃温度下保持 20 分钟。凡已贮存该酒的容器要用碱水洗泡，刷洗干净后进行杀菌。

②霉味：使用生过霉的容器、清洗除霉不严、霉烂的原料等原因都会使酒产生霉味。

控制措施：可用活性炭处理过滤而减轻或去除。

③苦味：苦味多由种子或果梗中的糖苷物质的浸出而引起。有些病菌（如苦味杆菌）的侵染也会产生苦味。

控制措施：对种子或果梗可添加糖苷酶分解，或提高酸度使其结晶过滤除之。其他杂菌产生的苦味主要采用二氧化硫杀菌。

④硫化氢味和乙硫醇味：硫化氢味（臭鸡蛋味）和乙硫醇味（大蒜味）是酒中的硫被酵母菌还原产生硫化氢和乙硫醇而引起。因此，硫处理时切勿将固体硫混入果汁中。

控制措施：加入过氧化氢可以去除。

（3）其他异味

酒中的木臭味、水泥味和果梗味等。

控制措施：加入精制的棉籽油、橄榄油和液体石蜡等与酒混合吸附异味，这些油与酒互不溶和而上浮，分离之后即去除异味。

二、刺梨配制酒加工技术

以发酵酒或蒸馏酒或食用酒精为酒基，加入可食用或药食两用的辅料或食品添加剂进行调配、混合或再加工制成的、已改变了其原酒基风格的饮料酒。配制酒又称为露酒。

刺梨配制酒：以刺梨果（干果或鲜果）或（和）刺梨汁为主要原料，添加酒基、辅料、食品添加剂，经浸提、调配、过滤、灌装制成的露酒。

配制酒原料丰富,利用各种具有地方特色的原料如刺梨、黑莓、百香果、猕猴桃、枸杞等制作配制酒，具有独特的风格，含有丰富的矿物质、多糖、氨基酸、类脂、有机酸、维生素、黄酮、生物碱等营养和功效成分。配制酒种类繁多，色泽多彩，酒精含量适中，风味独特，可满足不同消费需求。近年来，配制酒的发展比较迅速，其中还包括一些对人体有食疗保健作用的保健酒。随着人们消费水平在不断提高，对健康的追求越来越重视，配制酒的市场缺口较大，具有信服力的产品非常少，因此配制酒具有广阔的市场前景。

（一）工艺流程

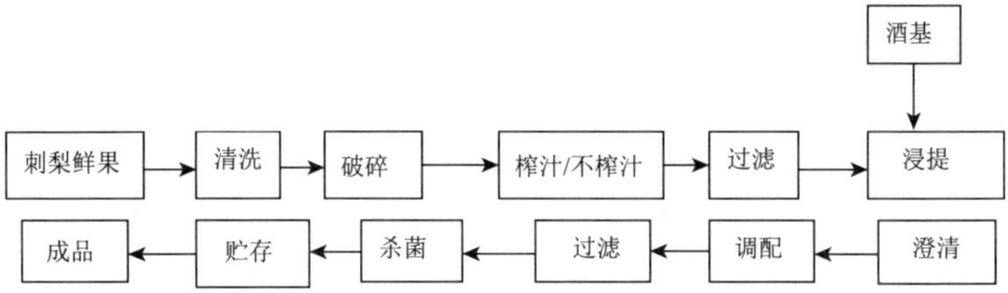

（二）技术要点

1. 原料的选择：选择九成熟的刺梨果实、色泽金黄、风味浓郁、果香典型、去除腐烂、变质的部分，用清水清洗、沥干，备用。

2. 原料的处理：将备用的刺梨鲜果倒入榨汁机中进行榨汁，多次过滤得到澄清的果汁。

3. 果汁浸提：向澄清过滤的刺梨果汁加入适量酒基，常温浸提5～7天。

4. 调配：按比例混合酒基、刺梨果汁后，按照要求调至所需的酒精度，可以加入适量酒用香料，使其感官特性最佳。

5. 过滤与杀菌：除去其中未溶解的杂质，在 65℃～70℃温度下杀菌 15～20 分钟。

6. 贮存：选用不锈钢、陶瓷等容器贮存新酒 1～2 个月后，各种成分协调，可使酒质稳定。

（三）加工实例

1. 刺梨露酒（酒精度 41%）：主要以高粱酒为酒基，再加以刺梨果浸泡而成，口感清香浓郁、酒香协调、酒体丰满。

2. 刺梨糯米酒（酒精度 12%～20%）：主要以糯米蒸煮、放入陶坛发酵成糯米酒，再添加刺梨汁混合调配陈酿而成，酒体丰满、果香浓郁、酒体金黄透明。

（四）质量安全控制

1. 常见质量问题

（1）使用甲醇、非食用酒精以及其他非食用原料生产酒类；

（2）以假充真、以次充好或者以不合格产品冒充合格产品；

（3）使用有毒、有害容器盛装、运输、储存酒类。

2. 控制措施

（1）生产原辅料质量安全控制：刺梨果应无霉变、无劣变，无肉眼可见外来杂质；刺梨汁应色泽明亮、无褐变、无杂质、无异味，并符合 GB 2762-2017、GB 2763-2021 的规定及相应食品安全国家标准的规定。

（2）蒸馏酒应符合 GB 2757-2012 的规定。

（3）发酵酒应符合 GB2758-2012 的规定。

（4）生产用水应符合 GB 5749-2006 的规定。

（5）食品添加剂应符合 GB 2760–2014 的规定。

（6）其他原辅料及产品质量应符合有关国家标准、行业规定。

三、刺梨汽酒加工技术

汽酒，也被称为起泡酒或发泡酒，是一种富含二氧化碳气体并有一定酒精度的饮料。汽酒一般以水果为原料，经酵母发酵、醇净、调配而制成。

特点：汽酒酒精度较低（9%～14%），带有果汁原有的香甜，可作为开胃酒、餐前酒，可以和任意菜肴搭配。目前汽酒的种类和数量比较少，主要以葡萄汽酒较多。随着生产技术的发展，汽酒的种类将逐渐丰富起来。

分类：汽酒有多种分类方法，其中，按照二氧化碳来源可分为四类，第一类：酒中的二氧化碳是由第一次发酵后残留糖分发酵产生；第二类：酒中的二氧化碳从苹果酸－乳酸发酵获得；第三类：酒中的二氧化碳是由发酵后加糖，再经过发酵产生，全世界大部分的含汽酒属此类；第四类，酒中的二氧化碳是人工加入的，原理类似碳酸饮料。

市场：汽酒作为一种古老而又新兴的饮品，通常给人一种欢乐、浪漫的印象，适合于各种喜庆的场合，又可作为开胃酒使用，具有广泛的消费用途。由于具有易饮、时尚的特点，近年来，越来越受到年轻人的青睐。目前市场上已有的汽酒饮品，如 RIO 鸡尾酒、TEMPT 露酒，多以白酒和菠萝汁、葡萄汁、车厘子汁等果汁调制。

刺梨汽酒是经过发酵、调配、充气等步骤制作而成。以刺梨为原料制作的汽酒不但可以丰富刺梨深加工方式，开发一款色香味俱佳且兼具保健功能的刺梨汽酒饮品，也能为刺梨生产企业带来较好的经济效益。

（一）工艺流程

①干刺梨果→浸泡
②刺梨汁
} 酵母菌发酵（←白砂糖）→过滤→调配（白砂糖等）→后发酵

陈酿→充气→包装

（二）技术要点

1. 刺梨挑选：剔除烂果、霉果，制作前将刺梨清洗干净。

2. 菌种选择：选择发酵性能和产香良好的酿酒酵母，活化、扩大培养。

3. 前发酵工艺：调整糖度，接种酵母菌，搅拌均匀后进行厌氧发酵。发酵时注意控制温度，经常观察发酵液情况。直到不再产气，液面平静，酵母凝聚下沉，有明显的刺梨香和酒香，测定残糖量（2% 以下）和挥发酸（0.07 克 /100 米）达到规定范围后前发酵完毕。

4. 后发酵工艺：取前发酵上清液，调整酒精度为 15.5 度，装发酵罐进行密闭发酵。室温控制在 20 ~ 24℃。30 天以后，残糖达 0.4 克 /100 毫升（以葡萄糖计）以下，挥发酸在 0.07 克 /100 毫升（以醋酸计）以下，后发酵结束。

5. 充气：填充二氧化碳气体过程中，调节压力和水流速度，观察酒体的泡沫，远看呈“乳状”，近看泡沫均匀细腻，即混合均匀。

（三）加工实例

1. 以干刺梨浸泡汁为主要原料经酵母发酵，陈酿成干酒，再调糖、酸等辅料，最后充气而制成的刺梨汽酒。采用干刺梨浸泡汁，单宁含量大为降低，选用适当的酵母菌种就能进行正常的发酵。发酵过程以酒精度、残糖量、总酸、挥发酸、单宁和感官指标作为检验标准进行判定。

2. 以刺梨为原料，通过榨汁、调糖、接种发酵、过滤、调制、填充二氧化碳制作的刺梨汽酒香气浓郁、口味清爽而后味足、酒体颜色呈黄色，酒性温和且兼具保健作用。

（四）质量安全控制

1. 常见质量问题

（1）刺梨中单宁含量高，对刺梨汽酒发酵不利，对口感也有一定的影响。

（2）直接用碳酸水调配的低档汽酒，酒液和气体不协调，风味单调粗糙，营养价值也比较低。

（3）刺梨汽酒会产生沉淀、分层等不稳定现象。

2. 控制措施

（1）改变刺梨汽酒原料处理方式，降低刺梨原料中单宁含量。例如：加入单宁酶处理。

（2）尽量利用充气的方式制作刺梨汽酒，减少酒液和气体不协调，风味单调粗糙等问题。

（3）选择合适的澄清剂对刺梨汽酒进行澄清，如明胶、皂土、壳聚糖、果胶酶等。

四、其他酒

（一）低度花果酒

低度花果酒是以刺梨、桑葚、荔枝、山楂、青梅、桂花、菊花、黑糯米等为原料发酵成酒后经超微过滤而得的花果酒，大量保留了酒中粮食与花果的营养成分，酒体醇香，酒香、花香、果香清雅协调，回味怡畅，入口香甜，淡雅柔和。

（二）刺梨露酒

1. 刺梨露酒（酒精度为 38%）：以米酒为酒基，将通过切片、蒸、晒等程序处理的野生刺梨与酒基按一定比例加入陶坛内浸泡半年以上而成，其口味纯正、果香浓郁、维生素 C 含量丰富。

2. 刺梨露酒（酒精度为 16%）：以黄酒、糯米、山泉水为原料，通过自然生态发酵，添加刺梨或刺梨汁窖藏而成。具有美容养颜、缓解疲劳、补充维生素 C 等功效。

（三）刺梨蜜酒

用刺梨汁、蜂蜜和其他辅料混合酿造的低度刺梨蜂蜜保健酒。混合刺梨汁和蜂蜜，利用甜酒曲和纯种果酒酵母进行混合发酵制成。产品风味好，具有独特的风格，此酒入口绵甜，各味协调，酒体丰满，色泽诱人，馥郁芬芳，营养丰富。

五、相关标准规范文件

T/GZSX 055.7–2019《刺梨系列产品 刺梨酒（发酵酒）》

T/GZSX 055.8–2019 刺梨系列产品 刺梨酒（配制酒）

GB 2760–2014 食品安全国家标准 食品添加剂使用卫生标准

GB 4789.1–21016 食品安全国家标准 食品微生物学检验 总则

GB 5009.86–2016 食品安全国家标准 食品中抗坏血酸的测定

GB 5009.225–2016 食品安全国家标准 酒中乙醇浓度的测定

GB 12696–2016 食品安全国家标准 发酵酒及其配制酒生产卫生规范

GB/T 15038–2006 葡萄酒 果酒通用分析方法

GB 2757–2012 食品安全国家标准 蒸馏酒及其配制酒

GB 2758–2012 食品安全国家标准 发酵酒及其配制酒

GB 8951–2016 食品安全国家标准 蒸馏酒及其配制酒生产卫生规范

GB 12696–2016 食品安全国家标准 发酵酒及其配制酒生产卫生规范

第五节 刺梨面点类产品加工技术

一、刺梨面条加工

刺梨精粉及刺梨精粉面条

面条是世界众多国家常见的传统主食之一，尤其深受亚洲国家的青睐，其小麦产量的40%以上都用来生产各种面条。面条起源于中国，具有悠久的历史，可以追溯到两千多年前的汉代。随着人们生活水平的提高和膳食理念的改善，一些功能营养型面条渐渐得到消费者的青睐，如由荞麦、燕麦等制作的杂粮面条以及添加西红柿、胡萝卜等蔬菜面条。而刺梨营养丰富，富含纤维素、维生素 C、超氧化物歧化酶及多种功能活性成分，可以代替部分原料制成具有一定功能性的刺梨面条。

（一）工艺流程

原料（面粉、刺梨汁、刺梨果粉、渣粉等）→揉面→醒面→压面→切割成型。

（二）技术要点

1. 原料：除选用优质小麦粉和水为主要原料外，添加的刺梨果粉或刺梨渣粉等均需粉碎成一定粒度，刺梨果粉或刺梨渣粉可根据工艺及需求添加，而选用刺梨汁可以代替部分水；将调配好的原料倒入搅拌机倒入一定比例水进行均匀搅拌。

2. 揉面：在搅拌机内均匀匀速搅拌，搅拌到一定程度，面和水完全重复搅拌到一起，（面和水的比例为 3 ∶ 1）不硬不软，停止搅拌，使面和水在搅拌机充分醒面。

3. 醒面：等搅拌机停止搅拌面后，在搅拌机中面和水发醒的时间应充分，时间太短面不能发醒，做出来的产品没有韧劲，容易断面和撕面，口感一般不劲道，发面时间过长，发面黏性大，口感好，但是同样面条韧性不是很好；温度过低不利于快速醒面，醒面时间较长，温度过高，醒面快，到时面容易熟，对面条影响都非常大，只有很好地把醒面温度控制在 25 ～ 30℃，醒面时间一个小时，这个时间醒面的面条口感色泽韧性都达到一个非常好的状态。

4. 压面：把醒好的面条拿出一部分，在压面条机上反复压面 2 到 3 次，使面条形成一定规格。

5. 切割成型。把压好的面条用切面机切割成不同形状，盛放在干净指定的面条盘中销售。

二、刺梨饼干加工技术

饼干是一种方便休闲的小零食，因其携带方便、易储藏、口味多、食用方式多样等优点深受广大消费者的喜爱。饼干的主要原料是小麦粉，油、鸡蛋、乳制品等作为辅料。

饼干企业为了吸引更多的消费者，以保健、养生作为饼干新的发展方向，将功能性成分添加在饼干中，为对饼干有保健功能的人群提供了选择。功能性饼干在我国还处于发展阶段，具有很大市场潜力。

（一）工艺流程

原料预处理→面团调制→面团成型→烘焙→冷却→包装

（二）技术要点

1. 先将刺梨（果粉、汁、渣粉）、食盐、糖粉、泡打粉等按照混合，再将蛋液、色拉油、果葡糖浆等液料按照添加比例充分搅拌混匀后加入面粉中搅拌充分即可。

2. 饼干制作：将制作好的面团装模。

3. 烘焙条件：将成型后的饼干置入烤炉，以面火 200℃、底火 220℃焙烤 12 分钟，然后室温冷却。

4. 包装：根据需求进行合理包装。

第六节 刺梨果干加工技术

一、工艺流程

原料选择→清洗→ 护色→干燥→均湿回软→包装→贮藏

二、技术要点

（一）原料选择：去除病虫害果、畸形果、生青果、霉烂果等不合格原料。

（二）清洗：洗去刺梨果表面的灰尘、泥沙和大量的微生物以及部分残留的化学农药，保证产品的清洁卫生。

（三）护色：是刺梨果干加工的关键技术，此工序操作不好，产品颜色极容易变为黑色。首先在不锈钢锅内将水煮沸，然后将果实或果块放置于沸水中热烫 1 ～ 2 分钟，注意要始终保持沸腾状态，捞起沥干备用。

（四）干燥：有自然干燥和人工干燥两类方法。

1. 自然干燥：利用太阳光的辐射能和自然气流进行干燥的方法，即晒干。选择天气好时日，在阳光下暴晒两天即可。

优点：不需要特殊设备，简单易行，成本低，管理粗放。

缺点：受气候和地区影响大，干燥速度慢，产品质量不高。

2. 人工干燥：在人工控制条件下，使物料水分干燥的过程。有烘房干燥、热风干燥等方法，干燥温度控制在 60 ～ 70℃之间。

优点：不受气候和地区的影响，干燥速度快，产品质量好。

缺点：需要一定的设备，管理较复杂，成本较高。

（五）均湿回软：由于不同批次产品所含水分并不完全一致，而且其水分含量在内部并不均匀分布，因此常需经均湿处理，也有称回软。常用的方法就是将不同批次的果干放置在干燥、密闭的房间内 1 ～ 2 天。

（六）包装：选择密封性的塑料袋真空包装。

三、质量要求

（一）感官要求

表 3-1　感官要求

项目	要求		检验方法
	优等级	合格等级	
色泽	具有刺梨干正常颜色，浅黄色至黄棕色，色泽均匀一致，无异常色。	具有刺梨干正常颜色，浅棕色至棕褐色，色泽均匀，无明显异常杂色。	取 200 克样品置于白色瓷盘中，在自然光下目视法观察色泽和状态；鼻嗅法检查其气味。
外观组织	呈产品应有形态，规整均匀、无畸形、无碎屑、无虫蛀霉变。	呈产品应有形态，较为整齐、无虫蛀霉变。	
滋味气味	具有典型刺梨干特有风味，无异味。	具有刺梨干特有风味，无变质及其他异味风味。	
杂质	无枝叶附着物、无外来杂质。	无外来异常杂质。	

（二）理化指标

应符合表 3-2 的规定。

表 3-2　理化指标

项目	要求		检验方法
	优等级	合格等级	
水分，%	≤ 15	≤ 20	GB 5009.3-2016
可溶性固形物，%	≥ 50		GB/T 12143-2008
维生素 C，毫克 /100 克	≥ 1000	≥ 500	GB 5009.86-2016 第三法
铅（以 Pb 计），毫克 / 千克	≤ 1.0		GB 5009.12-2016
镉（以 Cd 计），毫克 / 千克	≤ 0.2		GB 5009.15-2016

四、加工实例

（一）刺梨全果干：将刺梨去刺或不去刺处理、热烫后晒干或烘干包装即可，此果可以入药，也可以泡酒或打粉之用。

（二）刺梨果干片，将刺梨去刺后，经切分、去籽、热烫后晒干或烘干包装即可。此果片可以入药、泡酒、打粉或直接食用。

第七节 刺梨综合利用技术

刺梨最适宜综合加工利用，皮渣、种子、刺梨花、刺梨叶，各个部分均含有丰富而经济价值较高的食品、化妆品、医药和化工等原料成分。因此，刺梨加工应该考虑综合利用，这样不仅可充分利用原料，而且可降低成本，提高经费效益，满足行业和消费需求，减轻环境污染。刺梨的综合利用一般是指刺梨生产、加工副产品的生产，刺梨副产品如能充分利用，其产值是非常可观的。因此，不能把副产品的生产看成中“废物利用”，而应当看成是原料的分层次综合利用。刺梨副产品主要有皮渣饲料、高纤粉、有机肥、刺梨叶、香精油、刺梨多酚、刺梨多糖、种子油等。

一、 刺梨高纤维食品加工技术

膳食纤维历史悠久，19 世纪初，“粗纤维”开始出现在大众的视野。2009 年，国际食品法典委员会确定了膳食纤维的定义，即膳食纤维由 10 个或 10 个以上的单体单位碳水化合物聚合物组成，该聚合物不被人体小肠内源酶所水解。包括从食品原料中经生物、化学或酶等处理方法获得的碳水化合物聚合物和食品中天然可食用的碳水化合物聚合物。目前，膳食纤维已被列为水、蛋白质、脂肪、碳水化合物、矿物质、维生素之后的“第七大营养素”，对预防心、脑血管疾病、癌症和糖尿病起着非常重要的作用，是膳食中不可缺少的成分。

传统高纤维食品主要指荞麦、燕麦、藜麦、糜子、高粱、黑米、绿豆、芸豆等小宗杂粮杂豆，以及用这一类作物加工的食品。高纤维食品有益成分多，能有效预防癌症，高纤维食品和低脂肪食物有助防心脏病。吃高纤维食品不仅可以帮助排除身体里的有害物质和废物，还可以减肥，使我们的身体变得更加健康。刺梨果渣中粗纤维含量 38.28%，粗蛋白 7.07%，粗脂肪 5.62%，无氮浸出物 38.46%。另外，刺梨果渣中还富含大量维生素、植物多糖、单宁类、三萜皂苷类、黄酮类、生物碱类、有机酸类、矿物质等活性成分。研究表明，刺梨果渣中不溶性膳食纤维含量占总纤维的 64.72% ± 0.06%。因此，刺梨果渣是理想的高纤维食品加工的原、辅料。

（一）技术路线

刺梨鲜果→压榨→果渣→干燥→冷藏→制备→刺梨高纤粉

（二）操作要点

1. 刺梨鲜果：无腐烂、无霉变、无病虫害和新鲜成熟的刺梨果。

2. 压榨：采用现代化机械设备对刺梨果进行压榨取汁。

3. 干燥：采用自然晒干、煤、生物质及电热等技术将刺梨果渣干燥，其目的是防止刺梨果渣腐烂变质，便于运输贮藏及后期制备使用。

4. 冷藏：根据加工需求或有条件的情况下，刺梨果渣经密封包装后，贮藏于 0～4℃冷库中保藏，备用。

5. 制备：指采用化学、物理、生物等方法制备满足加工所需产品或原辅料。

6. 刺梨高纤粉：将刺梨果渣通过物理的、化学的、生物、挤压等方法制备含有大量膳食纤维素的产品。

（三）加工实例

1. 刺梨果渣水不溶性膳食纤维的加工

刺梨果渣，采用超声波辅助提取水不溶性膳食纤维，最佳提取工艺条件为：超声功率184W、超声时间 14.7分钟、超声温度 49.5℃、料液比 1：16.25（克/毫升）。其中主要成分是纤维素、半纤维素、木质素与果胶。

2. 刺梨果渣可溶性膳食纤维的加工

丁筑红等采用双螺杆挤压对刺梨果渣进行改性处理，通过对物料含水量、挤压温度、螺杆转速和喂料速度单因素试验和正交实验优化，最佳挤压条件为：水分 33%、温度 150℃、螺杆转速 144 转 / 分钟、喂料 79.2 转 / 分钟，其中物料水分含量、挤压温度、螺杆转速、喂料速度对刺梨果渣中可溶性膳食纤维含量的影响极显著（$P<0.01$），对最优条件进行验证试验，可溶性膳食纤维含量为 19.87%，为原果渣可溶性膳食纤维含量的 3.08 倍。改性处理后，

果渣可溶性膳食纤维含量与对照组相比差异极显著（$P<0.01$），挤压组可溶性膳食纤维含量是对照组的 3.11 倍，挤压超微组可溶性膳食纤维含量是对照组的 2.68 倍。而超微粉碎组随着粒径的减小，蛋白质和可溶性膳食纤维含量呈上升趋势，当粒径≤ 48 微米时，可溶性膳食纤维含量比对照组增加 113.13%。

3. 高纤刺梨果酒的加工

以刺梨为原料，经添加可溶性膳食纤维，研制刺梨果酒。主要工艺：浸渍液加适量 0.1% 的食盐水、30% 食用酒精及 S－腺苷蛋氨酸；压榨时加入 0.3% 的果胶酶；脱气条件 20℃～25℃，真空度 91～93 千帕；低温发酵，接入 4%～5% 酵母，18℃～22℃密封发酵至残糖小于 2%，挥发酸 0.6 克 / 升；调配时添加脱臭食用酒精，将酒度调至 14%～16%，添加 10 克 /100 毫升刺梨果渣可溶性膳食纤维 。

4. 营养代餐粉

近年来，随着人们生活水平提高，人们对食物的关注从饱腹向营养、安全、便捷转变，吃出健康的观念逐渐深入人心。方便快捷地从食物中摄取营养成为大众关注的重点，代餐食品应运而生。代餐食品，又称为膳食替代品，可替代部分或全部正餐，快速方便地为人体提供多种营养素。常见的代餐食品包括代餐粉、代餐棒、代餐粥、代餐饼干、代餐奶昔等，受众最广的为代餐粉。代餐粉是一种由谷类、豆类、薯类食材等为主，其他属类植物的根、茎、果实等可食用部分为辅，经挑选、烘焙、添加或不添加辅料、按一定比例混合、粉碎、筛选、杀菌、包装等工艺制成的一种单一或综合性冲调粉剂产品。

5. 其他食品

根据市场及消费者需求，可以开发各种刺梨高纤维食品，如饼干、面包、酸奶、饮料、面条、糕点等。

二、刺梨渣有机肥加工技术

我国施用有机肥料有悠久的历史，到1965年以前，我国农业生产一直以有机肥料为主。随着化肥工业在我国迅速发展，化肥在农业生产中取代有机肥料占据了主要地位。但长期施用无机肥料会造成土壤板结严重，土壤有机质减少，肥力下降，农作物抗病能力减弱等问题，因此人们又重新认识到施用有机肥料的重要性。若能利用这些有机废弃物生产有机肥料，不仅治理了环境，而且变废为宝。把农业生产同工业、畜牧业、农产品加工和城市建设等融为一体，提高资源的循环利用，保证可持续发展的稳步进行。

（一）微生物发酵刺梨渣生产微生物肥料

1. 工艺流程

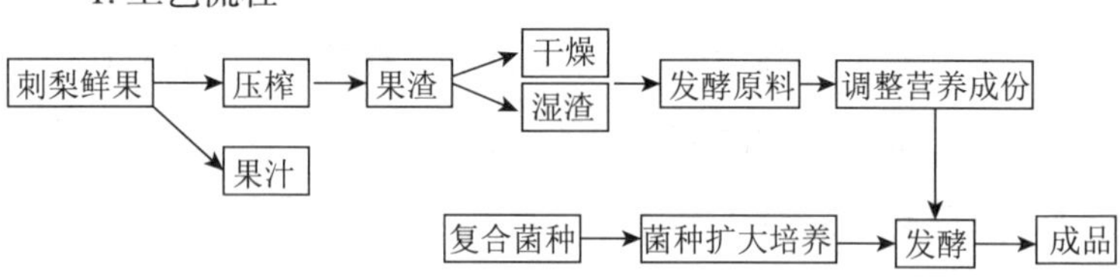

2. 技术要点

（1）菌种选择：刺梨渣中含有难降解的纤维素、木质素和果胶等物质，并且单宁含量也较高，菌种选择的标准就是能快速降解这些物质的微生物。自然界中木质素的降解主要依靠白腐真菌。而纤维素、半纤维素和果胶类物质，微生物中的真菌如木霉、绿色木霉、康氏木霉和白地霉等都有很好的降解能力。它们就是能快速降解这些物质的微生物。

（2）菌种扩大培养：以土豆培养基进行菌种扩大培养，根据生产需求进行制备培养基的量。

（3）接种：将扩大培养的菌种按质量比 2% ~ 5% 将各菌种接种于刺梨渣固态培养基上搅拌均匀，进行发酵。

（4）发酵：发酵时间 3 ~ 10 天，pH 值 5.5 ~ 6.5，尿素增加量 1.0% ~ 2.0%，发酵温度 25℃~ 30℃。

（二）刺梨果渣高温堆肥生产有机肥

高温堆肥可无害化处理刺梨皮渣生产有机肥，既可解决环境污染问题，又可实现农业资源的再利用。影响有机质高温发酵的关键因素是微生物种类、原料性质（包括水分、酸碱度、原料成分、碳氮比等）和条件控制。在堆肥发酵过程中，微生物使有机质发生矿化和腐殖化。在高温阶段，高温微生物最活跃，有机质矿化和脱水速率最快，是无害化处理有机废弃物生产有机肥的关键时期。

1. 技术路线

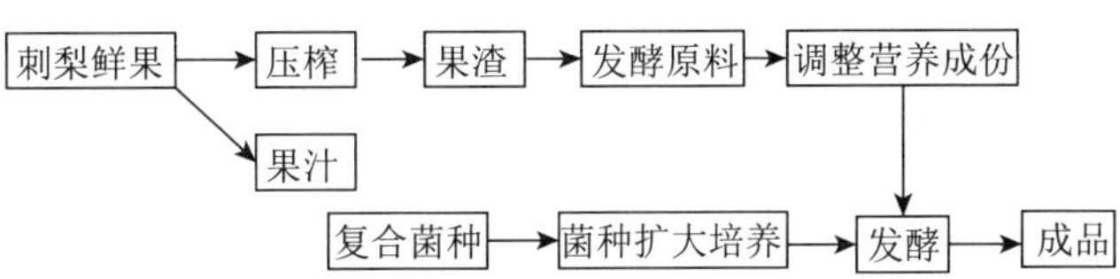

2. 技术要点

（1）接种菌剂：接种菌剂包括多种耐高温菌种，在 50℃及以上温度条件下进行培养。

（2）由于新鲜刺梨渣含水率过高，故将麦秆在每吨鲜皮渣适量添加作物秸秆有益于促进微生物活动，提高发酵温度，加速水分挥发，改善堆肥质量。

三、 刺梨渣饲料加工技术

刺梨渣青贮饲料加工技术。青贮就是将鲜绿的青贮原料切短破碎，压实密封于青贮窖 (塔) 或其他密闭容器中，形成一定的“无氧环境”，利用附着或接种在原料上的乳酸菌等厌氧微生物的发酵将其中的可溶性碳水化合物转变为乳酸、乙酸等有机酸，使其 pH 值下降 3.8 ~ 4.2，抑制丁酸菌等有害微生物的活性，实现长期保存饲料营养成分的一种制作工艺，由此制成的饲料就是青贮饲料。

青贮是非常适用于高水分原料收储的生产技术之一，它不仅能很好地保存饲料的营养物质，便于实际应用，而且发酵良好的青贮饲料具有酸香味，质地柔软，改善饲料的适口性，提高消化率，促进动物生产。青贮饲料具有较高的营养价值和可消化性，已经在全球推广应用。

1. 技术路线

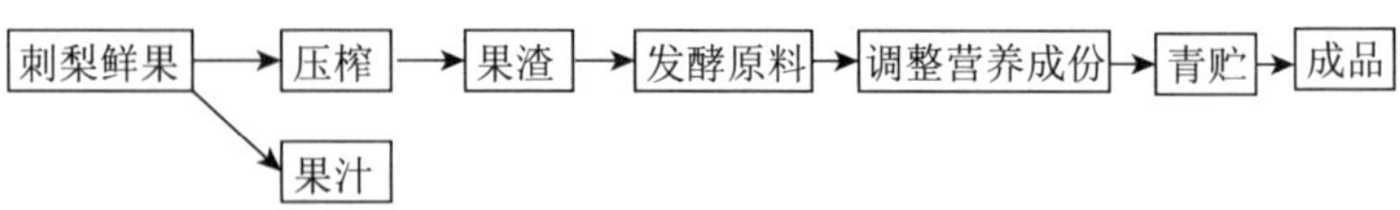

2. 技术要点

（1）水分：控制刺梨渣水量为65%～75%，以原料切碎后握在手里手中感到湿润，但以不滴水为宜，最低不少于50%。水分不足的可喷些水，水分过高可掺些干草粉等。

（2）糖分：原料中可溶性糖分最低含量为2%。含糖不足时可掺含糖量较高的青绿植物混合青贮，或将甜菜条添加到青贮原料中，或加入适量淀粉等。

（3）温度：最适宜温度是20℃左右，最高不超过37℃。

（4）压实：分多种，常见的是装窖和裹包。

a. 装窖：原料装窖时要边切边贮，边贮边踏实。小规模操作时可一层层踩实，如是大青贮池，可用装载机压实。特别要注意边边角角不留缝隙。原料装满后，要高出地面50厘米以上，以保证下沉后不漏气或渗进雨水。

b. 裹包：裹包青贮能做到随切随贮，压实、密封一气呵成，最大限度保证了青贮饲料的质量。

（5）青贮：经30～45天，青贮料即可调制成功。

四、刺梨渣固态发酵生产蛋白饲料

国内外关于刺梨渣发酵生产蛋白饲料的研究还是空白。而以柑橘皮渣、苹果皮渣等发酵蛋白饲料已实现工业应用。我国是一个严重缺乏饲料的国家，随着社会的发展，“绿色”成为未来发展的核心理念，利用刺梨渣发酵生产绿色蛋白饲料在禽畜生产中势必有着广阔的发展前景。

固态发酵是指发酵用的培养基为固态，含有丰富的水，却几乎没有自由流动态水的利用微生物发酵的方式。发酵基质不仅是微生物的生长场所，而且可以为微生物生长提供各种营养。相比于其他发酵方式，固态发酵法具有原料广泛、易得，工艺简单，产物的产率高，环境污染小，成本较低等优点。缺点则是水活度低，产物难以净化，生物量估算难且容易感染杂菌，机械化程度低等。

（一）技术路线

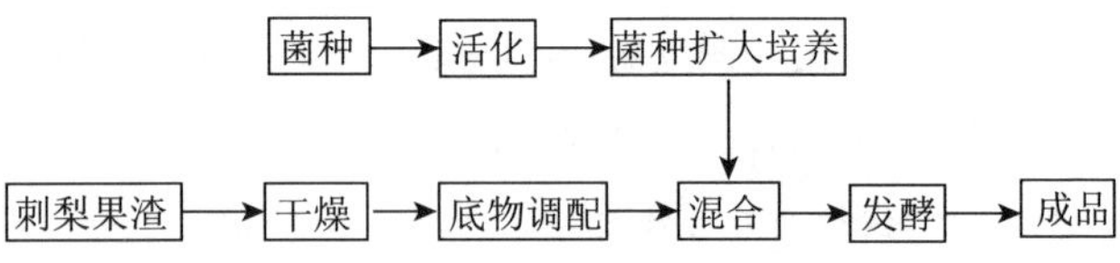

（二）技术要点

刺梨渣中含有大量大分子难降解物质纤维素和单宁，由于其结构特殊，会增加普通微生物降解刺梨渣的难度，从而导致发酵底物降解不充分，发酵产物品质不高，甚至发酵失败。

（1）菌种筛选：纤维素外围包裹着木质素，木质素与半纤维素通过共价键连接形成稳定的疏水结构，这使得普通微生物很难在短时间内将纤维素充分降解，需要筛选能够高效降解纤维素的微生物菌株。

（2）水分：控制刺梨渣水量为65%～75%，以原料切碎后握在手中感到湿润，但以不滴水为宜，最低不少于50%。水分不足的可喷些水，水分过高可掺些干草粉等。

（3）温度：最适宜温度是30℃左右。

（4）发酵时间：3～6天。

五、刺梨花香精油加工技术

花精油的应用广泛，在保健品、营养品、药用制品、化妆品开发等方面具有极大的优越性，对刺梨花进行深加工，提取刺梨花精油，可增加产品附加值，不断提高产品的市场竞争力。目前精油的提取方法主要有蒸馏法、挤压法、分离法、萃取法等。水蒸气蒸馏法属于传统提取法，具有无污染，低成本，所需设备简单，操作简便等特点，因此广泛应用于植物精油的提取，例如玫瑰花、金莲花等植物中挥发油的提取。

（一）蒸馏法

将新鲜刺梨花放入蒸馏器中，用100℃水蒸气提取，刺梨花精油在高温作用下渗出，使随水蒸气馏出，经冷凝、分离和精制后得到蒸馏精油。蒸馏法根据蒸馏形式可分为间歇式蒸馏法、连续蒸馏法和水中蒸馏法。

1. 间歇式蒸馏法

间歇蒸馏器一般采用内置装料框的开盖式蒸馏锅，将刺梨花放入装料框中，用100℃水蒸气进行蒸馏。水蒸气温度不能过高，否则会破坏精油成分，导致品质下降。蒸馏时间受加料量和蒸气状况的影响，应根据实际操作情况掌握，通常可通过观察出汽后冷凝的含油情况进行判断。蒸馏完后，打开顶盖取出装料框倒掉提取过的刺梨花，装入鲜刺梨花进行下一轮提取。从蒸馏器出来的蒸馏汽通过冷凝器冷凝后，再进行油分离器将精油与水分离，得到粗精油。

由于油水分离得到的粗精油还夹带着少量水和可能存在的杂质，因此，需要进行进一步精制。最常用的方法是将粗精油在5℃～8℃下静置5～6天，绝大部分残留水将沉降出来，精油中的杂质也将在低温下结晶析出。将底部析出的水和蜡质放出，上层精油再流经装有无水氯化钙的干燥器进一步除去可能残留的水分后，得到刺梨香精油。

2. 连续蒸馏法

连续蒸馏的工艺流程除蒸馏器操作与间歇蒸馏不同外，其余步骤都相同。连续蒸馏器的结构比间歇蒸馏器复杂，设备投资也较高，但生产效率比间歇蒸馏器高得多。

（二）挤压法

绝大多数的柑橘属精油，如甜橙、佛手柑、葡萄柚、柳橙，都采用这个方法萃取，因为大部分的柑橘属精油无法抵抗蒸馏的热气，会在萃取的过程中破坏它的精质成分。但是同为柑橘属的莱姆却是以蒸馏法萃取的，因为蒸馏法萃取的莱姆精油香味比较独特，品质也比挤压法萃取的好。

一直到20世纪30年代，挤压法还是由人力以手操作。现今，大部分的精油制造商在成本与产量的考量因素下，已经用机器代替手工。

（三）溶剂萃取法

与蒸馏法和挤压法相比这种萃取方式相对昂贵，原因在于它的工序复杂，所萃取出的精油产量也比较少。溶剂萃取法多用在不喜欢热源、细致脆弱的植物花瓣或树脂的萃取上。

首先是以石油或苯这些碳水化合物的溶剂，来抽取植物经压碎后的易挥发及不易挥发的精质成分；接着将萃取后的混合物再次以溶剂过滤，等溶剂挥发后就产生一种包含酒精成分的半固体蜡状物质；最后，以酒精选择性地将精油的成分从蜡状物质中抽离出来就得到高品质、高浓度的植物精油。因此相同的植物部位，以溶剂萃取法得到的精油成分会有些不同，当然它们的价位也会有所不同。

利用溶剂萃取法萃取植物的花朵、花瓣、花芽等部位，首次萃取后的产物称为“凝脂”。若萃取的是植物的天然分泌物，如树胶、树脂或树膏，则首次的产物称为“树脂”。把首次产物“树脂”或“凝脂”再次以酒精或醇类抽离后，所得到的第二阶段终极产物，就叫作绝对油。最后，再以易挥发的纯酒精将香脂中的油脂洗去得到精致昂贵的绝对油。

（四）超临界萃取法

原理：超临界状态的二氧化碳对植物精油有特殊的溶解性，其溶解性与密度相关，而密度可以通过温度和压力来调整，从而将精油析出。

过程：利用特定的设备使二氧化碳达到超临界状态（温度32℃以上、压力在7.2兆帕以上），将材料中的精油萃取出来，再经过变温变压将精油分离出来。所以，超临界萃取由萃取和分离两个过程组成。

（五）油脂分离法

又称吸附法，这是源自法国的古老萃取方法。这种方法利用了油脂能很好地吸收植物花朵中所含精油的能力，主要用于植物花瓣的萃取，例如茉莉。因为茉莉花剪下后仍会持续地分泌出精油，所以利用这种方法萃取得到的精油量较多。方法是将洗净的新鲜花朵置于涂满厚厚油脂（多为植物油）的玻璃板上，再将这样的玻璃板一块块叠起，捆在一起放在太阳底下，让热力融化花朵并释放出精油，其后，依花的种类来决定翻转时间，去掉旧的花朵，然后再铺上新的花朵，重复此动作，直到油脂完全将精油吸收饱和为止。接着利用酒精将香脂里的油脂洗去，留下属于精油极品等级的绝对油。此方法相当复杂耗时，已很少使用了。

（六）亚临界萃取法

亚临界萃取是利用亚临界流体作为萃取剂，在密闭、无氧、低压的压力容器内，依据有机物相似相溶的原理，通过萃取物料与萃取剂在浸泡过程中的分子扩散过程，达到固体物料中的脂溶性成分转移到液态的萃取剂中，再通过减压蒸发的过程将萃取剂与目的产物分离，最终得到目的产物。

六、刺梨面膜加工技术

面膜作为一种改善人体皮肤从而达到美容效果的产品，一直受到人们的追捧。目前，市面上常见的面膜主要是贴片式面膜，相比于其他种类的面膜，贴片式面膜可以有效隔绝皮肤与空气的接触，达到减少脸部水分蒸发的效果，并且提升了面部皮肤温度，从而提高了面膜精华液的渗透力。除此之外，贴片式面膜作为一次性产品，通常有着独立包装，减少了化学防腐剂的添加，安全卫生并且易于携带。

贵州素来有刺梨之乡的美称，贵州土壤、大气、水资源优良，生产出的刺梨无农药残留、无重金属超标、无抗生素、无激素，具有绿色、营养、天然、健康等原生态元素。刺梨全身都是宝，其果实富含多种维生素、微量元素、氨基酸、黄酮类化合物、超氧化歧化酶及其他多种营养物质。其中，维生素 C 和超氧化歧化酶含量位居蔬菜水果榜首。微量元素多达 10 余种，氨基酸种类及含量也比一般的蔬菜高。刺梨的功能作用也日益受到人们关注，用刺梨果实加工的医药、保健、化妆品等广受追捧。但现有大多数加工企业的产品都是果脯、刺梨干、刺梨饮料等传统食品，且规模小。

（一）技术路线

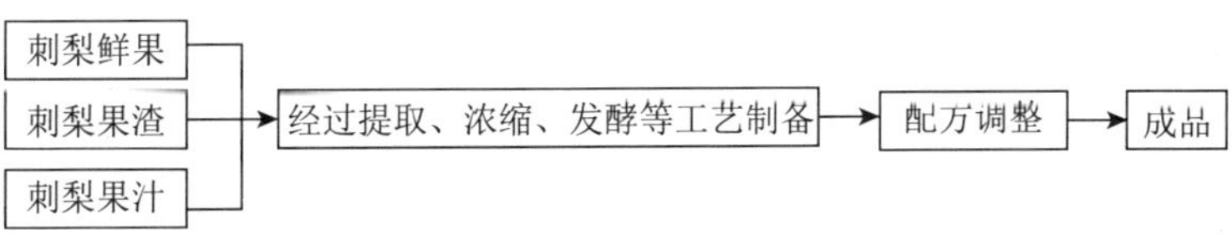

（二）技术要点

1. 刺梨原料制备：刺梨鲜果、刺梨渣、刺梨果汁等经过提取、浓缩或发酵等工艺制备。

2. 配方调整：根据市场需求调整产品配方，添加丙二醇、透明质酸钠、轻乙基纤维素、黄原胶、甘草酸二钾、三乙醇胺等面膜基本配料香料。

第八节 刺梨食品物流技术

刺梨食品物流过程是指从供应地向接收地的实体流动过程，即根据实际需要将食品运输、储存、装卸、搬运、包装、流通加工、配送等功能实现有机结合的过程。

一、刺梨食品物流特点

刺梨食品物流相对于其他行业物流而言，具有其突出的特点：一是为了保证刺梨的营养成分和食品安全性，刺梨食品物流要求高度清洁卫生，同时对物流设备和工作人员有较高要求。二是由于刺梨具有特定的保鲜期和保质期，刺梨食品物流对产品交货时间即前置期有严格标准。三是刺梨食品物流对外界环境有特殊要求，比如适宜的温度和湿度。四是生刺梨食品物流必须有相应的冷链。

二、食品物流现状

一是随着我国人民生活水平的不断提高，人们对食品的要求也上了一个新台阶。不但要求产品新鲜，还要求生产无污染；不但要求种类多样，还要求配送及时迅速。总之，在现代社会中，人们的食品消费结构成多元化方向发展，人们对食品的消费却趋向“多品种、少数量”的模式，但食品行业现有的软件和硬件设备还不能满足人们“多品种，少数量”的消费模式。

二是食品运送过程中浪费严重，物流在食品成本中占很大比重。据估计，中国每年有总值750亿元人民币的食品在运送过程中腐坏。一些容易腐坏食品的售价，其中七成便是用来补贴在物流过程中损失货物的支出。我国食品业现有人员对食品物流理论研究及供应链管理认识不足，是造成我国某些食品零售价格高居不下的主要原因。

综上所述，发展我国食品物流是必然趋势，基于我国食品物流面临的新环境，要解决与食品物流密切相关的食品多样快捷化要求、食品安全控制、食品规模效益等问题，就要求引入先进的物流供应链管理方式，将生产链的上下源头有机结合起来，以其先进体系提高我国食品企业的竞争力。

三、改进对策

（一）食品企业与第三方物流公司合作

国内的许多第三方物流公司都提供了物流一体化服务，从包装、运输到分拣、配送，甚至与顾客进行面对面交货，为食品企业打造全方位的物流体系和增值服务。

（二）食品企业与政府与物流行业协会合作，共同完善食品物流的法规和制度，从根本上改变食品物流的负面形象。

在现代社会中，形象和信誉是企业的无形资产，是提高企业竞争力不容忽视的一部分。由政府提供相应的政策支持和资金支持，行业提供食品物流的交流平台，建立食品供应链全面质量管理体系，共同打造中国食品行业“健康、绿色”的新形象。

（三）引进先进的物流硬件设备和物流管理软件

在依赖于物流外包的同时，企业必须提高自己的硬件设备和人员管理水平，推进集约化共同配送以降低企业物流成本，实施配送—流通—加工一体化，引入先进信息技术进行货架管理，用现代物流技术推进食品物流规范化，这些都是我国食品行业的必然发展趋势。

四、发展趋势

创建绿色食品配送体系是食品行业未来发展的一个趋势。绿色食品配送主要从以下三方面入手。

（一）运输绿色化

开辟公路、铁路、航空及水上常年性食品运输通道，并按照经济合理的原则将其联结起来，发挥各类运输工具的优势，消除不必要、不合理的关卡和收费，在全国范围内构建高效率、无污染、低成本的绿色运输网络和联运系统。

（二）流通加工绿色化

一方面要变分散加工为专业集中加工，以规模作业方式提高资源利用效率，以减少环境污染，如餐饮服务业对食品的集中加工、配送中心对生鲜蔬菜的附加工等；另一方面要集中处理消费品加工中产生的边角废料，以减少消费者分散加工所造成的废弃物污染。

（三）包装绿色化

包装要实现绿色化，要采取以下措施：促进生产部门采用尽量简化的以及由可降解材料制成的包装，食品流通过程中尽量采用可重复使用单元式包装，并对包装上印制的广告与使用说明做出明确的规定和要求；建立合理的包装材料回收体系等。

（四）构建食品供应链

基于我国食品物流面临的新情况，要解决与食品物流密切相关的食品消费多样快捷化要求、食品安全卫生控制、食品企业规模扩大等问题，我们需要从源头抓起，建立统一的物流战略框架。

所谓供应链管理，是在满足服务水平需要的同时，为了使系统成本最小而采用的把供应商、制造商、仓库和商店有效地结合成一体来生产商品，并把正确数量的商品在正确的时间配送到正确地点的一套方法。供应链管理涵盖了从“供应商的供应商”到“客户的客户”之间有关最终产品或服务的形成和交付的一切业务活动，其目的是使整个供应链产生的价值最大化。

而供应链物流是将上下游企业作为整体，相互合作、信息共享，提高物流的快速反应能力，降低物流成本的管理模式。通过食品供应链物流的整合管理，可使物流活动的每一环节为了共同的目标保持协调一致，可有效提高食品物流的效率和服务水平，通过食品原料的源头卫生安全控制，可确保食品安全质量体系的良好运行。我国物流基础设施落后、物流水平较为落后，由于供应链上各物流机构在整合的过程中往往存在利益冲突，应该注意选择整合渠道，建立共同的供应链物流效益最大化目标。可先从以下几方面入手。

1. 发挥企业和政府两个积极性，尽快提高物流基础设施水平

针对目前我国物流产业交通系统、仓储系统、信息系统等基础设施水平低下，无法满足客户需要的问题，必须从政府和企业两个

方面共同努力，提高基础设施水平。我们认为在未来一定时间内政府应该制定有关第三方物流服务业行业准入的企业基础设施基本条件要求，对专门的物流公司提供优惠的建设政策和提供资金支持。

2. 食品生产企业将物流服务交给第三方物流企业

由于食品规模的不断扩大，食品企业在原有资源的基础上很难满足自身综合化的物流服务，需要将业务交给专门的能提供综合服务的物流公司—第三方物流。

3. 生产和流通企业基于对未来物流服务内容的需求和选择生产企业

我国生产和流通企业最急需的是综合性服务（包括：运输、配送、仓储、包装、装卸搬运、流通加工和信息处理等）。这样可减少食品生产企业的配送活动，食品企业可集中精力和技术发展自己的核心业务，做到效率最大化。不但节省了运营成本，还减少了交通拥挤、节约能源、保护环境。比如前一段时间，青岛啤酒建立合资物流公司，其原因就是青啤不具备管理车队和运输的综合能力，把这个包袱转给第三方物流公司，通过合同的方式使“后勤”得到保障。第三方物流企业和传统物流企业在服务管理方面努力规范自身行为，提高服务水平。

4. 立行业协会，规范行业行为

必须尽快成立地区性的第三方物流服务业的行业协会，由该协会作为行业自律机构，一方面由协会开展工作去防止和制裁第三方物流服务企业的出轨行为，一方面由行业协会组织制定本行业企业共同遵守的行为规范和纪律，这样会起到很好的作用。对某些食品企业而言，为了保障食品供应链物流的顺利进行，需从整个宏观控制的角度，以全过程效率最大化为目标控制某些物流成员的运作行为。

5. 努力降低食品生产企业使用现代物流社会化服务的“退出成本”

我国大部分食品生产企业都有自己的物流设施，为了提高食品物流效率，使用社会化的现代物流服务，还必须解决如何出售这些已有的物流设施和消化企业现有的服务工作人员的问题。可通过第三方物流建立跨地区和跨行业的经营网络时收购食品企业的物流设施，帮助降低“退出成本”。

6. 建立食品供应链全面质量管理体系，实施标杆管理

越来越多的公司将识别和完善质量控制作为降低成本、加强服务、提高顾客满意度的方法。可通过以下步骤实现全面质量控制：给出食品企业承诺—理解顾客需求—测度业绩水平—开发食品服务战略—实施质量控制程序—改进程序，这样不断循环操作。标杆管理作为一种新的管理技术，主要是一个明确努力方向的过程，是发现目标以及寻求如何实现这一目标的一种手段和工具。物流服务商和客户建立共同的标杆管理模式，可使企业内部意见一致，企业之间达成协议。实施标杆管理主要在共同利益方面，制订长期合作的目标，朝共同指定的方向努力。

食品供应链属于典型的功能性产品供应链，供应链的设计主要着眼于各环节综合成本最小化，以推动策略、预测囤货型生产为

主，通过采购、生产、配送的平稳运作来降低成本，强调规模经济，以产能利用率、库存周转率等物质效率作为指标。

企业间竞争已不再纯粹是产品与产品、单个企业与企业间的竞争，而是供应链与供应链之间的竞争。统一、稳定、顺畅的供应链形成企业具有价值性、稀缺性和难于仿制性的资源，成为企业的核心能力。构建食品供应链体系是食品行业最终出路所在。

五、信息化管理

我国食品行业在制造过程机械化、仓库保管自动化以及品牌推广、物流配送和食品安全控制等方面发展迅速，不断取得新的进展。与此同时，行业的进步正在推动食品流通领域的管理进入信息化时代。

食品生产企业和流通企业的合作也使得食品流通渠道呈现百家争鸣的局面。流通领域的核心竞争从产品、资金、网点布局、品牌宣传的竞争，发展到自动化技术、科学物流配送、人性化服务的竞争。竞争的关键就演变为以信息化为工具提高周转率、加快市场响应速度、降低经营风险和严格成本控制的信息化大战。所以选择一款适合的信息管理系统至关重要。

（一）开发信息管理系统着重解决如下问题

1. 物流成本问题

物流成本主要由运输成本、仓储成本和配送中心管理成本构成。食品企业的市场集中在大中城市，它通过在主要销售区设厂来满足当地的市场需求，当地生产能力不足或所在区域内没有生产厂的市场，主要由生产总部（如乐百氏所在的中山、蒙牛所在的呼和浩特）通过铁路长途调拨给客户或将货物发至该地所在大区的配送中心，再由配送中心通过汽运将货物送至客户手中。因此由于长途调拨而产生的运输费用在产品价值中所占比例很大。现今阶段，食品行业物流成本结构的不合理主要表现在：运输费用高、淡季仓储面积大、营运费率低。

2. 物流服务水平问题

物流在客户服务上的不足主要表现在以下几个方面：订单的处理时间和货款的确认时间长、订单满足率低、交货不及时、订单供应比率低、交货时间不合理、司机服务态度差、货损率高。

导致物流服务水平的战略性原因还在于供应网络布局、预测与库存和分销政策，这些战略因素之间又存在着交叉影响，供应网络的粗犷布局必然导致长途铁路运输、中转配送，提前期是正常汽运短驳的好几倍，计划和预测的提前期也必须相应地增大，预测的准确率就会降低，同时更改和调整的周期也同样增大，灵活性降低。订货提前期变长意味着要应付更大的市场需求变动，使得其中的所有后勤环节都变得复杂和不可控，导致较低的客户服务价值。

所以，应对生产和物流供应网络布局进行整体评估，是确定供应网络布局的最佳方案。

（二）如何改进食品物流供应链

基于我国食品行业面临的新环境，需要引进先进的物流供应链管理思想，将生产链的上下源头有机结合起来，使供应商、生产企业和消费者形成新兴的“双赢”关系。对于建立我国食品企业物流的先进体系以提高企业竞争力，可从以下几方面着手：

产品：第一，由财务部门对各类产品进行产品利润贡献值分析。第二，将那些利润贡献为零甚至为负数的品种砍掉，发展高利润产品，将资源优先供应高利润产品。第三，不同产品的利润率不同，配送的最小批量不同，配送批量的制定应该按照价值密度定为权重，不能单纯地按照重量和体积制定，否则容易造成高值产品的销售损失。

渠道：在集团分销策略的推进过程中，首先对客户进行ABC价值分类，重点培养A类客户价值，通过市场信息共享、货源优先供应、配送深度支持，加强沟通和感情联系，达到增强关键价值链之规模和凝聚力的目的，抵抗市场扩张中的竞争风险。对于一些小客户可以让其挂靠到大经销商下面，食品企业本身不直接提供服务。

网络：供应网络的布局不合理，成为决定物流成本结构和客户服务水平的本质原因，所以建议对销售网络和供应网络进行能力和经济性评估，解决销售网络供应的合理化问题。

配送：一配送批量和配送半径的由销售部门、产品事业部决定，并由其对成本负责。二核算物流成本与销售效益的收支平衡点，指导业务部门进行配送决策。

此外，食品企业可以将物流业务外包给第三方物流公司，自身专注于对核心竞争力的打造，让第三方物流公司的规模效益降低自己的物流成本。目前国内的许多第三方物流公司都提供了物流一体化服务，从包装、运输到分拣、配送，甚至与顾客进行面对面交货，为食品企业打造全方位的物流体系和增值服务。

同时，食品企业还应该有选择地引进先进的物流硬件设备和物流管理软件。在依赖于物流外包的同时，提高自己的硬件设备和人员管理水平，实施配送、流通、加工一体化，用现代物流技术推进食品物流合理化。

第九节 刺梨产品营销策略

2020年，全省刺梨加工产品销售产值才10亿元左右，与现有200多万亩基地不匹配，表明刺梨产品的销售还没完全打开，导致刺梨原料供大于求，影响基地农户的种植积极性，所以当务之急应该加强刺梨产品营销。

一、加大宣传力度，让消费者充分认识刺梨

刺梨的营养价值和保健功能已逐渐被人们知晓，但知晓度还不够，尤其省外消费者很多都不知道刺梨是什么，也不知道刺梨的本味就是酸、苦、涩。刺梨的苦涩味究竟好不好？目前有两种观点，一种观点是刺梨的苦涩味不好，应该去除，因为食品讲究色香味，如果味道不好，让人服用了难受，他宁愿不喝。另一种观点是喝刺梨汁就是要喝它的酸苦涩味，因为酸苦涩味是刺梨的本味，如果失去了酸苦涩味，就失去了刺梨的本来面目。如何取舍刺梨本味，笔者认为关键要看产品的定位，如果作为普通饮料，应该减少或去除

部分苦涩味。如果作为功能食品，只有 100% 的刺梨汁才有良好的效果，这个时候就应该强调刺梨的本味，刺梨的苦涩味是刺梨含黄酮、单宁丰富的具体表现，如果失去了苦涩味则表明黄酮、单宁等营养物质损失严重。因此，我们不要羞于启舌刺梨的本味，而是应该大张旗鼓地宣传刺梨的本味，这恰恰是刺梨产品个性体现，没有个性的产品在市场上是走不远的。

二、灵活应用自媒体营销

自媒体营销又叫社会化营销，是指利用社会化网络、短视频等平台或其他互联网协作平台媒体进行营销、公共关系和客户服务维护开拓的一种方式。该种营销模式能迅速在消费者之间形成口碑效应，且营销成本低，有利于在短时间内花较少的成本取得更好的营销效果。

首先，用虚拟主播来进行直播带货，讲好刺梨故事，这样不仅能加深广大消费者对刺梨产品的印象，也能使刺梨产品形象在消费者心中占据独特地位。其次，将刺梨形象本身作为产品代言，为刺梨产品的宣传增添趣味，使其更加生动并增强消费者的购买欲望。再次，让“刺梨”来讲述刺梨故事，以第一人称的叙述方式能给消费者带来亲切感，增强讲述的说服力。

三、健全网络营销建设

网络营销是指基于网络及社会关系网络，连接企业、用户、公众，通过向用户及公众传递有价值的信息和服务来实现顾客价值/

企业营销目标而进行的规划、实施及运营管理活动。它是一种手段而不是目的。结合六盘水实际情况而论，该地区刺梨产品的网络营销建设具体改进措施如下。

（一）增强企业相关人员的网络营销意识

网络营销不仅仅是售卖产品本身的平台或渠道，它还可以卖品牌、卖口碑、做宣传，作为企业的管理和销售人员，不能仅把对营销的认识停留在传统的卖东西层面，而是应当通过充分了解网络营销的特性，得到更多及时有效的数据及反馈，便于企业提高产品质量、改进营销策略等。

（二）完善人才引进系统

这里所说的人才不仅局限于网络营销人才，还包括种植人才、产品研发人才、线下线上的推广营销人才、数据分析人才、基础设施建设人才等。完善从源头生产到消费终端的人才队伍建设，能使企业的产品得到消费者的青睐，也能使企业更好、更长远地发展。

（三）拓宽网络营销渠道

营销渠道是指产品或服务从生产者到消费者移动过程中所使用的通道或路径，通过渠道实现产品所有权转移。企业做好营销渠道体系规划，是销售环节的重要部分。结合实际情况，六盘水刺梨产品的网络营销渠道可在现有基础上拓宽补充以下两种。

1.O2O 营销

O2O 营销是一种离线商务模式，可分为线上和线下两个层面。线下享受服务，线上主营购买，将线下线上的优势互相结合，实现互联网落地，以扩充其营销渠道。若要运用此种模式六盘水占据极大的优势，凉都六盘水，避暑之都，独特的气候条件以及三线文化建设、乌蒙大草原等景点每年都会吸引很多游客到此参观，六盘水刺梨企业可抓住旅游这一关键，在各大旅游景点及人流量较多的地方进行线下售卖，并将印有订购方式的刺梨形象的玩偶、钥匙扣等文创品免费赠予游客、顾客，在其心目中留下初印象，再推出免费试吃活动，留下联系方式，有购买意愿但不方便现场购买的顾客可通过网址或电话进行线上选品，由企业直接负责送货上门，随机邮寄的小礼品可提高顾客的忠诚度。

2. 产地直销

“刺梨产地＋刺梨加工企业＋各级零售商＋消费者”是一条完整的产业链，但在该过程中会产生物流费、中间费等费用，而产地直销就可以大大减少这种费用。通过对六盘水刺梨产品的线上 App 售卖情况进行了解，通过与实体店价格进行对比后发现，线上由于少了很多中间商环节有其独特性，应灵活地运用“O2O+ 预售 + 直采”模式，即采摘前销售产品，根据订单量再进行采摘、运送，直接将特色农产品送达客户手中，在零库存的同时，也降低了商家经营成本和客户毁约风险，又保证了消费者采购的优惠价格和产品的新鲜口感，一举多得。也可以联合当地的商超、便利店，或在社区县域设置农产品线下专柜、体验店，使之成为农产品展示点、配送站，供消费者线上购物，线下自取产品或服务上门。

四、重视品牌建设

在完全的市场条件下，短期内强势的产品广告可以加速占领市场；但是从长远来看，培育一个品牌，才是赢得市场和消费者信赖的关键 。目前贵州建立了“贵州刺梨·维C之王”公共品牌，企业应自觉维护这一品牌。首先，建立品牌知晓度。提升产品质量，加强产品质量监管，运用适当的广告宣传手段、有效的公共推广以及人员促销是培育品牌的第一步，让消费者认识品牌。其次，树立品牌形象。通过优良的产品质量和服务，把高质量的产品“卖点”传递给消费者，让消费者相信品牌。再次，提高品牌忠诚度。品牌忠诚度的形成，除了依靠产品的品质、价格等的传播，还与品牌的个性、价值主张、消费者偏好、企业社会责任的建立紧密相关，使消费者对该品牌产生情感，选择偏爱并长期购买该品牌。提高品牌忠诚度，应当考虑如何为顾客创造更多价值，建立品牌与顾客之间的有效沟通机制，树立良好的企业社会责任形象，从而增强顾客对品牌的信任和热爱。

五、充分利用贵州旅游资源，推行体验式营销

体验营销是一种基于消费者对整个营销行为的感性认识，通过对各种信息的感性分析，影响消费者的决策过程。近几年来贵州旅游的游客愈来愈多。2019年，贵州各旅游景点接待游客83亿人次，这是一个巨大的资源，我们却没有用于刺梨宣传，导致资源无形浪费。首先要加大对导游刺梨专业知识培训，掌握更多的刺梨故事，利用游客喜欢听故事的心理传播刺梨知识；然后要加大销售人员的培训，掌握刺梨产品的饮用方法及营养功效，推行体验式营销。

参考文献

[1] 宋长军 . 刺梨口服液及其免疫活性研究 [D]. 贵州大学，2020. DOI:10.27047/d.cnki.ggudu.2020.000163.

[2] 付阳洋，刘佳敏，卢小鸾，彭黔荣，谢有超，杨敏 . 刺梨主要活性成分及药理作用研究进展 [J]. 食品工业科技，2020，41(13):328-335+342.DOI:10.13386/j.issn1002-0306.2020.13.052.

[3] 戴支凯，余丽梅 . 刺梨的药理作用 [J]. 中国药房，2007(21):1668-1669.

[4] 邓毅 . 刺梨蜂胶饮料加工技术研究 [D]. 贵州大学，2016.

[5] 王小婷 . 满山遍野“金果果”[J]. 当代贵州，2019(23):52-53.

[6] 王煜，梁华强 . 贵州省刺梨产业发展 SWOT 分析及对策 [J]. 中南林业调查规划，2015，34(03):9-12.DOI:10.16166/j.cnki.cn43-1095.2015.03.003.

[7] 李翔辉，刘瑞霞 . 巴拉圭茶对高脂血症小鼠血脂的影响 [J]. 现代食品，2021(04):191-194.DOI:10.16736/j.cnki.cn41-1434/ts.2021.04. 056.

[8] 陈玉祥 . 贵州刺梨产业高质量发展助力乡村振兴 [N]. 贵州日报，2021-07-19(009).DOI:10.28255/n.cnki.ngerb.2021.006057.

[9] 黄颖 . 刺梨解酒口服液研发及功能性评价 [D]. 贵州大学，2020. DOI:10.27047/d.cnki.ggudu.2020.000269.

[10] 徐晓野，韩雪菁 . 践行“两山”理论 书写“醉美”画卷 [N]. 遵义日报，

2020-08-26(004).DOI:10.38339/n.cnki.nzybr.2020.001893.

[11] 董文凯 . 生态袋在上海市河道护岸中的应用分析 [J]. 城市道桥与防洪，2021，No.261(01):134-136+15-16.DOI:10.16799/j.cnki.csdqyfh.2021.01.038.

[12] 韦妮 . 论城镇化对民间信仰的影响——以南宁市“鬼节”信仰为例 [J]. 民博论丛，2019(00):110-118.

[13] 海笑，覃建雄 . “两山”理论背景下西南民族地区乡村生态旅游开发 RMP 分析——以安宁河流域为例 [J]. 农村经济，2020(12):137-144.

[14] 连明花 . 浅谈如何创建人与自然和谐的生态园林城市 [J]. 林业建设，2020(06):52-54.

[15] 卞优文 . 对這片土地的深情——兰红娟和东南村的故事 [J]. 翠苑，2020(06):14-17.

[16] 高兵 . 关于加强自然资源领域生态外交的思考 [J]. 中国矿业，2021，30(01):29-32.

[17] 彭苏秦，李卫红 . 基于级数突变法的宁杭生态经济带绿色创新能力评价研究 [J]. 常州工学院学报，2020，v.33;No.166(06):48-55.

[18] 滕云，高辉，基于 PSM-DID 模型的绿色信贷政策、融资约束与企业投资效率的关系研究 [J] 成都理工大学学报 (社会科学版)，28 (2020) 52-60.

[19] 莫神星，张平 . 新型城镇化绿色发展面临的几个重要问题及应对之策 [J]. 兰州学刊，2021，No.328(01):152-167.

[20] 王昇，建设美丽中国视角下弘扬运河精神的时代意义 [J] 江苏第二

师范学院学报， 36 (2020) 19–23.

[21] 吴朝霞， 冯泽宇， 排污权交易政策对不同排污规模企业的影响研究——基于 PSM–DID 方法的研究 [J] 产业经济评论， (2021) 96–111.

[22] 丁桂芊，新乡南太行生态旅游资源及其维护 [J] 河南科技学院学报，41 (2021) 35–41.

[23] 白蕾， 石户权， 韩超杰， 推进环保管理工作的探索与思考 [J] 化工管理， (2021) 33–34.

[24] 樊卫国，安华明，刘国琴，宋勤飞.刺梨的生物学特性与栽培技术 [J]. 林业科技开发，2004(04):45–48.

[25] 熊洁，高媛.刺梨栽培丰产技术及丰产效果初探 [J]. 贵州林业科技，2010，v.38;No.152(04):51–54.

[26] 黄文源，黎晓茜，韩磊，刘旭东，安华明，吴小毛.刺梨病虫害发生和防治研究进展 [J]. 中国植保导刊，2020，40(05):24–30.

[27] 刘秀培，宋云，高贵龙.刺梨园的周年管理技术 [J]. 农技服务，2013，30(10):1083+1085.

[28] 王国虎，张宜阳.安龙县石漠化坡耕地刺梨丰产栽培技术初探 [J]. 贵州林业科技，2020，48(04):39–41+48.DOI:10.16709/j.cnki.gzlykj.2020.04.008.

[29] 陈华永.全省生态特色食品产业发展稳中向好 [N]. 贵州日报，2021–08–16(005).DOI:10.28255/n.cnki.ngerb.2021.006744.

[30] 敖芹，谷晓平，孟维亮.贵州刺梨研究进展 [J]. 耕作与栽培，2010，No.177(06):1–3+7.DOI:10.13605/j.cnki.52–1065/s.2010.06.034.

[31] 胡明月，孙开理，李士会，翟光耀，纪凤，刘世东 . 刺梨丰产栽培技术 [J]. 现代农业科技，2012，No.579(13):99+101.

[32] 刘传和，陈杰忠 . 我国果园生草栽培研究概况 (综述)[J]. 亚热带植物科学，2005(02):76-80.

[33] 杨玉春 . 浅谈沼气的综合利用技术 [J]. 云南林业，2011，v.32;No.177(02):57-59.

[34] 黄文源，黎晓茜，韩磊，刘旭东，安华明，吴小毛 . 刺梨病虫害发生和防治研究进展 [J]. 中国植保导刊，2020，40(05):24-30.

[35] 叶光伟，李淼，王德敏 . 刺梨病虫害防治技术 [J]. 现代农业科技，2014，No.619(05):175-176.

[36] 王奎，刘丽君，刘进，张季，梁红燕，何薇薇 . 黔南州刺梨主要蛀果害虫及防治措施 [J]. 现代农业科技，2018(09):157-158.

[37] 牟君富，雷基祥，谭书明，丁筑红，朱庆刚，吴翔 . 刺梨果实最适采收期的研究 [J]. 贵州农学院学报，1995(04):50-56.

[38] 安金明，潘文明，李云峰，苗秀晨 . 无公害梨优质高效生产技术 [J]. 中国林副特产，2014(02):50-52.DOI:10.13268/j.cnki.fbsic.2014.02.024.

[39] 段灵琴 . 刺梨的栽培管理与病虫害防治 [J]. 乡村科技，2017(16):51-52.DOI:10.19345/j.cnki.1674-7909.2017.16.021.

[40] 梨果下了树 管理要对路 [N]. 河南科技报，2017-10-13(B07).DOI:10.28366/n.cnki.nhnkj.2017.000431.

[41] 黄其椿，覃阳，梁文燊，汪妮娜，刘福平，莫晓方，黄宏明，刘吉敏 . 广西柑橘小实蝇防控技术 [J]. 中国果菜，2020，40(11):78-81.

DOI:10.19590/j.cnki.1008-1038.2020.11.015.

[42] 杨玉锋 . 梨无公害生产技术 [J]. 现代农业科技，2006(06):18-19.

[43] 张秀伟，蔡甫格，潘中涛，李用奇，鲍菊 . 金刺梨黑斑病病原菌生物学特性及室内药剂毒力测定 [J]. 江苏农业科学，2018，46(18):98-100.DOI:10.15889/j.issn.1002-1302.2018.18.024.

[44] 祝贤武 . 刺梨高产栽培及病虫害防治 [J]. 花卉，2019(02):268-269.

[45] 孙百峰，姜秀煜 . 刺醋李育苗技术 [J]. 中国林副特产，2016(01):43-44.DOI:10.13268/j.cnki.fbsic.2016.01.014.

[46] 吴继红 . 桃蛀螟的发生及防治技术 [J]. 落叶果树，2012，44(04):37-38.DOI:10.13855/j.cnki.lygs.2012.04.010.

[47] 管理和 . 乐都地区软儿梨栽培技术 [J]. 中国园艺文摘，2012，28(07):173-174.

[48] 李其艳 . 刍议刺梨果汁的加工及保鲜 [J]. 食品安全导刊，2019，No.255(30):115.DOI:10.16043/j.cnki.cfs.2019.30.091.

[49] 周圣 . 果蔬罐头行业关键控制点风险排查分析 [J]. 科技风，2013，No.217(07):270.DOI:10.19392/j.cnki.1671-7341.2013.07.235.

[50] 高传立，张潇潇 . 水果罐头市场空间巨大 . 徐州日报 . P.003.

[51] 杨宏 . 刺梨罐头生产工艺 [J]. 食品工业科技，1990(04):31-30.DOI:10.13386/j.issn1002-0306.1990.04.009.

[52] 孙俊，王振斌 . 高校果蔬食品工艺学课程的教学改革初探 [J]. 农产品加工 (学刊)，2013，No.313(07):86-88.

[53] 许浩翔，胡萍，张珺，冯丹丹，石媛媛，谭书明，丁筑红 . 超高温瞬时灭菌对刺梨汁营养物质与贮藏稳定性的影响 [J]. 食品与发酵

科技，2021，v.57;No.221(01):46-50+60.

[54] 王雪雅，丁筑红，梁芳，彭邦远，张洪礼，尹智华.热处理条件对刺梨果汁风味物质和营养成分的影响研究[J].食品工业科技，2016，v.37;No.359(15):107-111.DOI:10.13386/j.issn1002-0306.2016.15.012.

[55] 施敬文.我国罐头食品行业质量调研报告[J].质量与标准化，2014，No.259(02):42-45.

[56] 彭华昌.野生刺梨的系列加工方法[J].林业科技开发，1989(04):30-32.DOI:10.13360/j.issn.1000-8101.1989.04.011.

[57] 王怡，李贵荣，朱毅.刺梨食品研究进展[J].食品研究与开发，2019，v.40;No.367(18):213-218.

[58] 菁菁.水果罐头购买须知[J].中国质量技术监督，2012，No.287(10):73.

[59] 水果罐头产品质量国家监督抽查质量公告[J].商品与质量，2008，No.475(29):8.

[60] 水果罐头产品质量合格率99.7%[J].大众标准化，2008，No.168(07):32-33.

[61] 产品质量国家监督抽查结果 部分水果罐头产品还在违规使用合成色素和防腐剂[J].监督与选择，2005，No.213(02):46.

[62] 水果罐头产品质量 国家监督抽查结果[J].食品工业科技，2005(01):25-26.DOI:10.13386/j.issn1002-0306.2005.01.006.

[63] 水果罐头合格率为71.8%[J].商品与质量，2005(02):9.

[64] 李巍，苏倩，赵巍.水果罐头，如何回避消费陷阱?[J].企业标准化，

2006(09):56–57.

[65] 国家质检总局 : 水果罐头产品近三成不合格 [J]. 农产品市场周刊，2004，(47):16.

[66] 何志刚, 李维新, 林晓姿, 杨菁, 陈华 . 枇杷果蔬什锦罐头的研制 [J]. 食品科学，2007，No.333(08):632–636.

[67] 许培振，罗昱，林梓，孟满，丁筑红 . 响应面优化葡萄糖氧化酶抑制刺梨果汁褐变工艺 [J]. 食品科学，2016，v.37;No.541(24): 55–60.

[68] 杜超, 马立志, 田小勇 . 蓝莓、刺梨复合口服液的研制 [J]. 食品工业，2018，v.39;No.258(03):69–72.

[69] 蒋明蔚，向体燕，高小武 . 食品安全与消费 · 饮料篇 [J]. 标准生活，2013(01): 71–85.

[70] 王怡， 李贵荣， 朱毅 . 刺梨食品研究进展 [J]. 食品研究与开发，2019，40(18): 213–218.

[71] 韩北忠 . 饮料的标准知识 [J]. 中国标准导报，2013(02): 9–11.

[72] 方修贵, 周伟东, 曹雪丹, 等 . 蓝莓刺梨复合饮料的生产工艺技术 [J]. 浙江柑橘，2013，30(03): 25–26.

[73] 王振伟 . 蔓越莓酸奶的研制及工业化应用研究 [D]. 华东理工大学，2021.

[74] 雪灵 . 碳酸饮料，得讲究个“度”[J]. 大众标准化，2010(09): 31–33.

[75] 赵光远，梁晓童，任莹莹 . 苹果 – 刺梨混合果汁饮料浑浊稳定性控制 [J]. 郑州轻工业学院学报 (自然科学版)，2014，29(03): 17–20.

[76] 金敬宏， 孙晓明吴素玲 . 刺梨活性冻干粉冷冻干燥工艺研究 [J]. 中

国野生植物资源，2005(02): 46–48.

[77] 薛福连 . 芦笋刺梨蜂蜜运动饮料的生产 [J]. 食品与药品，2005(02): 38–39.

夏仕青，张爱华 . 刺梨的营养保健功能及其开发利用研究进展 [J]. 贵州医科大学学报，2018，43(10): 1129–1132.

[78] 杨敏 . 凝固型酸奶加工技术应用研究 [D]. 湖北工业大学，2016.

[79] 郭铁 . 酸奶里的各种菌有何作用有关酸奶两疑问 [J]. 广西质量监督导报，2015(07): 46–47.

[80] 吴孔阳，万苏艳，杨同香 . 多元架构下的现代发酵技术课程教学改革与探索 [J]. 食品工业，2021，42(04): 404–407.

[81] 李晓东，开新强，谢俊杰 . 搅拌型枸杞酸奶的研制 [J]. 食品工业，2005(01): 34–35.

[82] 胡晓红 . 刺梨果脯制作技术 [J]. 现代农业科技，2020(13): 221–223.

[83] 张磊，吕远平 . 果汁中单宁脱除方法的研究进展 [J]. 食品科学，2010，31(03): 312–315.

[84] 冯卫华，丁度高，李小妮，等 . 果糕行业发展现状及建议 [J]. 现代农业科技，2019(21): 221–222.

[85] 张睿涵，杨国翠，沈伊婷，等 . 果冻制作工艺的研究 [J]. 科技风，2020(25): 197–198.

[86] 张继伟，彭凌，赵小红 . 无籽刺梨果酱的工艺研究 [J]. 农产品加工，2017(16): 21–23.

[87] 徐坤，肖诗明，花旭斌 . 野生刺梨果脯的研制 [J]. 四川轻化工学院学报，2002，15(2): 70–72.

[88] 刘芳舒 . 刺梨果糕品质控制技术研究 [D]. 贵州大学，2016.
[89] 康明 . 无花果与果干营养品质及低糖果酱的研制 [D]. 上海海洋大学，2020.
[90] 何贵伟，刘彤，盛健，等 . 刺梨果冻配方的研究 [J]. 山东化工，2015，44(19): 36–38.
[91] 赵思佳，高畅，于泽，等 . 低糖果酱的研究进展 [J]. 食品工业，2019，40(12): 264–267.
[92] 赵文洁 . 南酸枣果酱产品的研发 [D]. 南昌大学， 2020.
[93] 龚孟 . 刺梨饮料生产工艺探讨 [J]. 食品界， 2020(09): 87.
[94] 耿楠 . 低糖山楂 – 红枣复合果酱的研制及品质分析 [D]. 安徽农业大学，2018.
[95] 梁晓娟 . 兰州百合果冻、饮品的加工工艺及特性研究 [D]. 西北师范大学，2018.
[96] 张鸥 . 魔芋葡甘聚糖果冻制备及工厂设计 [D]. 南昌大学，2018.
[97] 艾启俊郭洋 . 苹果脯真空渗糖技术影响因素的研究 [J]. 北京农学院学报，2004(01): 42–44.
[98] 张家臣，陈礼敏， 胡海军 . 刺梨加工褐变控制技术研究进展 [J]. 现代食品，2020(16): 41–44.
[99] 刘楷升，刘宇，王依雯 . 复合果蔬果酱的研制 [J]. 现代食品，2021(10): 88–90.
[100] 李景，汪滨，于立梅，等 . 国内外蓝莓果干相关标准比对研究及建议 [J]. 标准科学， 2021(01): 29–33.
[101] 邓茹月，曾海英，叶双全，等 . 真空糖渍对刺梨果脯品质及风味

的影响 [J]. 食品与机械，2014，30(04): 220–223.

[102] 王碧生，廖晓兰，杨文通 . 出口调味梅的卫生安全控制 [J]. 甘肃农业，2011(12): 95–96.

[103] 李文生，杨军军，王宝刚，等 . 北京市场果脯蜜饯二氧化硫残留分析 [J]. 中国食品添加剂，2014(08): 187–189.

[104] 林芬 . 蜜饯企业如何保证产品质量 [J]. 福建轻纺，2011(06): 46–49.

[105] 陈烨 . 玫瑰花饼干加工工艺及品质分析 [D]. 西南科技大学食品加工与安全，2020.

[106] 张睿涵，杨国翠， 沈伊婷， 等 . 果冻制作工艺的研究 [J]. 科技风，2020(25): 197–198.

[107] 陶春生 . 高膳食纤维马铃薯面条的品质影响机理及机械化加工的研究 [D]. 北京化工大学， 2020.

[108] 张鸥 . 魔芋葡甘聚糖果冻制备及工厂设计 [D]. 南昌大学， 2018.

[109] 尹蓉，张倩茹，殷龙龙，等 . 红枣汽酒饮品的研究与开发 [J]. 食品科技， 2020，45(4): 80–84.

[110] 张军， 张冬雪， 周国旺， 等 . 沙棘金花葵复合配制酒的研制 [J]. 酿酒科技，2017(02): 33–36.

[111] 熊庆荣 . 洋酒常识 (下)[J]. 烹调知识， 2000(08): 10–11.

[112] 熊正河 . 中国葡萄酒标准制定与实施 [J]. 中国卫生标准管理，2011，2(06): 42–47.

[113] 杜坷， 李德美 . ‘北红’‘北玫’葡萄制汁及调配工艺研究 [J]. 中国果树，2016(4): 11–15.

[114] 余晓琴，成桂红 . 蒸馏酒及其配制酒标准 (GB 2757) 使用和检验

解读 [N]. 中国市场监管报 .
[115] 财税法规政策摘登 (七则)[J]. 财务与会计，2012(03): 77–79.
[116] 盛立中 . 10 月新税法速递 [J]. 首席财务官，2011(11): 88–89.
[117] 王立亚 . 超高效液相色谱 – 串联质谱同时测定露酒中 11 种那非物质 [J]. 酿酒，2017，44(04): 111–114.
[118] 黎显扬 . 2011 年下半年消费税政策盘点 [N]. 海峡财经导报 .
[119] 韩北忠 . 酒的标准知识 [J]. 中国标准导报，2013(01): 12–14.
[120] 任春蓉 . 柑橘皮渣固态发酵蛋白质饲料及其酶学特性研究 [D]. 重庆大学，2018.
[121] 周月明 . 柑橘皮渣青贮饲料中微生物生态及其对饲料品质的影响机理研究 [D]. 重庆大学，2019.DOI:10.27670/d.cnki.gcqdu.2019.000038.
[122] 尹涛 . 苹果渣生产有机肥料和微生物肥料的研究 [D]. 西北大学，2004.
[123] 张瑜 . 刺梨果渣高纤粉加工及品质特性研究 [D]. 贵州大学，2016.
[124] 周春明 . 高纤刺梨果酒的加工工艺研究 [J]. 酿酒科技，2004(06): 99–100.
[125] 赵建，袁玲，黄建国，李勇，彭良志 . 柑橘皮渣高温堆肥生产有机肥 [J]. 农业工程学报，2011，27(10):270–276.
[126] 王普兵 . 精油概述及其在洗护产品中应用 [J]. 中国洗涤用品工业，2020(02):75–78.DOI:10.16054/j.cnki.cci.2020.02.011.
[127] 柯杨，程友史，钟漫，周贵付，赵荣飞 . 正交实验法优选金刺梨花精油提取工艺条件 [J]. 食品研究与开发，2014，35(20):42–45.

[128] 何伟平，朱晓韵 . 刺梨的生物活性成分及食品开发研究进展 [J]. 广西轻工业，2011，27(11):1-3.
[129] 张银，任廷远 . 刺梨果渣生产功能性饲料的开发利用 [J]. 农产品加工，2019(19):53-54.DOI:10.16693/j.cnki.1671-9646(X).2019.10.014.
[130] 夏洁 . 刺梨果渣水不溶性膳食纤维的制备、结构表征及其体外发酵特性研究 [D]. 华南理工大学，2020.DOI:10.27151/d.cnki.ghnlu.2020.000391.
[131] 程金芝 . 籽粒苋桃酥的研制 [J]. 食品研究与开发，2013，v.34;No.226(21):60-62.
[132] 周志辉 . 甘肃省发展小杂粮大有可为 [J]. 农业科技与信息，2008(15):6-7.
[133] 陈伯温，郭昊旸 . 食品冷链物流管理中物联网技术的应用发展 [J]. 商场现代化，2021，No.949(16):29-32.DOI:10.14013/j.cnki.scxdh.2021.16.011.
[134] 李学军，王建 . 构建我国食品行业的冷链物流 [J]. 市场与电脑，2002(12):25-28.
[135] 陈卫红 . 供应链物流在食品行业中的运用发展 [J]. 食品研究与开发，2020，v.41;No.395(22):244.
[136] 李建萍，王雷，郑伟生 . 食品冷链的储存优化方案——以广州炜洹贸易有限公司为例 [J]. 科技创业月刊，2010，23(07):121-122.
[137] 赵杨，柴莹辉 . 如何改进食品物流供应链 [N]. 国际商报，2003-05-10(007).

[138] 晓风 . 如何改进食品物流供应链 [N]. 现代物流报，2006-01-19(008).

[139] 范梅华 . 构建食品物流平台 推进食品产业发展 [J]. 中国禽业导刊，2003(23):25-26.

[140] 柴莹辉 . 当“食品”联手“物流”[J]. 中国物流与采购，2003(11):38-39.

[141] 刘华政 . 欧洲越橘果渣酵素的制备及在面膜中的应用 [D]. 烟台大学，2020.

[142] 李权，杨明杰，陈林碧，赖玉春 . 植物精油的主要提取技术、应用及研究进展 [J]. 林业实用技术，2014(06):60-63.

[143] 狄科，石雪萍，张卫明 . 花椒精油研究进展 [J]. 中国野生植物资源，2011，30(04):7-12.

[144] 岳丽，蔡远强，敬思群 . 功能性油脂提取技术研究进展 [J]. 食品工业，2015，36(01):251-253.

[145] 郭维图 . 新技术装备助推中药工业现代化 [J]. 机电信息，2014(02):1-11+27.

[146] 何蓉，张红，任朴瑞，陈岑 . 六盘水市刺梨产品营销策略探究 [J]. 广东蚕业，2021，55(05):119-120+129.

[147] 樊兴颖，常悦，李端，胡嘉琦 . 刺梨保健品的市场营销策略研究 [J]. 现代商业，2014(13):69-70.

[148] 张璐 . 江西特色农产品网络营销模式优化探究 [J]. 广东蚕业，2021，55(05):127-129.